英美刑事法热点
问题研究

赖早兴 著

英美刑事法

ANGLO-AMERICAN

CRIMINAL LAW

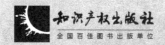

知识产权出版社

全国百佳图书出版单位

图书在版编目（CIP）数据

英美刑事法热点问题研究/赖早兴著. —北京：知识产权出版社，2019.7
ISBN 978 - 7 - 5130 - 6316 - 6

I.①英… Ⅱ.①赖… Ⅲ.①刑法—研究—英国②刑事诉讼法—研究—英国③刑法—研究—美国④刑事诉讼法—研究—美国 Ⅳ.①D956.14②D956.152③D971.24④D971.252

中国版本图书馆 CIP 数据核字（2019）第 121030 号

内容提要

英美刑事法的内容由法庭中控辩双方的对抗面充分展现出来。这种对抗多是围绕刑法中的犯罪成立要件（包括表面成立要件与实质成立要件）进行的，刑事诉讼中的证明责任分配、证明标准和证明方法均与此密切相关。但在特别强调程序正义的英美法系国家，刑事诉讼法自身的内容（如受审能力）也同样不可忽视。英美刑事法理论与司法实践对我国相关立法与司法具有一定借鉴意义。

责任编辑：李 瑾 韩婷婷　　　　　　责任校对：潘凤越

封面设计：张 悦　　　　　　　　　　责任印制：刘译文

英美刑事法热点问题研究

赖早兴 著

出版发行：	知识产权出版社 有限责任公司	网　址：	http://www.ipph.cn
社　址：	北京市海淀区气象路 50 号院	邮　编：	100081
责编电话：	010 - 82000860 转 8392	责编邮箱：	lijin.cn@163.com
发行电话：	010 - 82000860 转 8101/8102	发行传真：	010 - 82000893/82005070/82000270
印　刷：	北京虎彩文化传播有限公司	经　销：	各大网上书店、新华书店及相关专业书店
开　本：	787mm×1092mm 1/16	印　张：	12
版　次：	2019 年 7 月第 1 版	印　次：	2019 年 7 月第 1 次印刷
字　数：	185 千字	定　价：	59.00 元
ISBN 978-7-5130-6316-6			

CONTENTS

目 录

英美法系国家犯罪构成要件之辨正及其启示[*]

摘　要：我国有学者将英美法系国家的犯罪构成要件分为本体要件与责任充足要件，也有学者将其分为实体性犯罪构成要件与程序性犯罪构成要件，这些表述的准确性值得怀疑。英美法系国家的犯罪构成要件应分为犯罪表面成立要件与犯罪实质成立要件，且犯罪表面成立要件与犯罪实质成立要件之间存在重叠关系，有时难以区分。英美法系国家犯罪构成理论的实践意义在于为刑事证明责任的分配提供了实体法基础。与英美法系国家的犯罪构成理论相比，我国的犯罪构成理论无法为刑事证明责任的分配提供实体法基础，因此，应借鉴英美法系国家的犯罪构成理论来完善我国的犯罪构成理论。

关键词：犯罪构成要件；犯罪表面成立要件；犯罪实质成立要件；刑事证明责任

在传统上，我国属于大陆法系国家，因而长久以来一直对大陆法系国家的包括犯罪构成理论在内的法学理论情有独钟。但自 20 世纪 70 年代以来，随着我国改革开放的日益深入，人们的观念发生了深刻的变化。在刑法学领域，学者们在深入研究大陆法系国家犯罪构成理论的同时，也把目光投向了英美法系国家的犯罪构成理论，于是一些介绍、评述英美法系国

＊ 本文发表于《法商研究》2007 年第 4 期。

家犯罪构成理论的成果相继面世，这对丰富和完善我国的刑法学理论无疑是有帮助的。但是，笔者发现学者们在评介英美法系国家的犯罪构成理论时对其构成要件的表述有失准确。为正本清源，匡正谬误，还英美法系国家犯罪构成理论以本来面目，笔者拟对英美法系国家的犯罪构成要件略作辨正，并就英美法系国家犯罪构成理论的启示意义略抒管见。

一、对学术界关于英美法系国家犯罪构成要件表述的质疑

我国刑法学界有学者认为英美法系国家的犯罪构成要件分为本体要件与责任充足要件；❶ 也有学者认为英美法系国家的犯罪构成要件分为实体性犯罪构成要件与程序性犯罪构成要件。❷ 笔者认为这些表述的准确性值得怀疑。

（一）对"本体要件"与"责任充足要件"说的质疑

我国有学者在介绍美国刑法时指出，美国刑法中的犯罪构成是双层体系，即犯罪构成由本体要件与责任充足要件组成；美国刑法分则性条款规定的多种多样的构成要件可以被抽象为两个方面的内容——犯罪行为与犯罪心态，这是犯罪构成的本体要件；在行为特征符合犯罪构成的本体要件时，如果被告人能说明自己不具备责任能力，或能说明自己的行为正当合法，或有其他可宽恕情由的，则其行为不成立犯罪。也就是说，行为人的行为要成立犯罪还必须具备责任充足要件。简言之，"在理论结构上，犯罪本体要件（行为和心态）为第一层次，责任充足要件为第二层次，这就是美国刑法犯罪构成的双层模式"❸。该学者对刑法双层犯罪构成理论的概括得到了我国许多学者的认同，我国大多数学者在介绍、评述英美法系国家的犯罪构成要件时大都使用"本体要件"与"责任充足要件"概念。对于前述学者从两个层面来探讨美国的犯罪构成要件的思路笔者深表赞同，

---

❶ 储槐植：《美国刑法》（第三版），北京大学出版社 2005 年版，第 35 页。
❷ 陈兴良主编：《犯罪论体系研究》，清华大学出版社 2005 年版，第 96 – 143 页。
❸ 储槐植：《美国刑法》（第三版），北京大学出版社 2005 年版，第 35 页。

但对其有关"本体要件"与"责任充足要件"提法的准确性表示怀疑。其理由如下：

首先，我们来分析"本体要件"提法的准确性。"本体"是什么？从哲学意义上讲，"本体"一词从形式上解释，是指万物的根本原因，或最终根源。[1] 从方法论上讲，"本体"一词主要被用于界定一个对象，意指"事物本身"。[2] 从前述学者关于英美法系国家犯罪构成要件的分析来看，"本体要件"并不是从方法论意义上使用"本体"概念，因为前述学者并不在于强调"本体要件"就是要件本身。据笔者推测，前述学者所说的英美法系国家犯罪构成要件中的"本体要件"应当是指最根本的要件，也就是行为之所以被认定为犯罪的根本原因。如果仅从入罪的角度看，犯罪行为与犯罪心态当然是行为构成犯罪的原因所在，但正如英美法系国家刑法所昭示的，"辩护事由不存在"也是行为构成犯罪的原因所在。因此，我们没有理由因为特别重视犯罪行为与犯罪心态就将其置于本体地位，而将"辩护事由不存在"置于次要地位。

其次，我们来分析"责任充足要件"提法的准确性。顾名思义，"责任充足要件"是指有了该要件就说明行为人没有免责事由或可宽恕事由，加之行为人基于某种犯罪心态实施了犯罪行为，其行为就构成了犯罪。但从"责任充足要件"本身来看，似乎是说只要辩护事由不存在或不成立就有足够的理由要求行为人承担刑事责任。英美法系国家的辩护事由有正当化事由与可宽恕事由之分。一般认为，正当化的行为是正确的行为、社会期待的行为，该类行为根本就不存在责任问题；可宽恕的行为是基于行为人的特殊情况社会不予追究的错误行为。在存在正当化事由的情况下，既然不存在责任问题，自然也就不存在责任充足与否的问题。因此，我们只能在存在可宽恕事由的情况下谈论责任充足与否的问题。如此一来，"责任充足要件"的提法就有以偏概全之嫌。

---

[1] 萧诗美：《论"是"的本体意义》，《哲学研究》2003 年第 6 期。
[2] 舒也：《本体论的价值之维》，《浙江社会科学》2006 年第 3 期。

（二）对"实体性犯罪构成要件与程序性犯罪构成要件"说的质疑

我国还有学者指出，英美法系国家的犯罪构成要件可以分为实体性犯罪构成要件与程序性犯罪构成要件两个方面。其中，实体性犯罪构成要件是指犯罪行为和犯意，程序性犯罪构成要件就是指合法辩护。❶ 该学者注意到了英美法系国家犯罪构成要件的程序性因素，这是值得肯定的，但将辩护事由归结为程序性犯罪构成要件的观点值得商榷。

何谓"程序"？从字面上理解，程序是指过程与顺序。在法学理论上，程序是指按照一定的顺序、方式和步骤作出决定的过程。其普遍形态是：按照某种标准和条件整理争论点，公平地听取各方意见，在使当事人可以理解或认可的情况下作出决定。❷ 在犯罪成立与否的司法判断中，我们当然要研究犯罪构成要件（犯罪行为、犯意和辩护事由），但犯罪构成要件在此过程中只是一种研究对象，本身并不具有程序性的特点。也就是说，无论是犯罪行为、犯意还是辩护事由都不具有顺序性、过程性的特点。或许有人会认为，犯罪行为与犯意这一犯罪构成要件是在诉讼开始前提出的，而辩护事由则是在诉讼过程中提出的。但是，我们能否基于这一观点而断定辩护事由具有程序性呢？笔者认为，犯罪行为与犯意这一犯罪构成要件确实是侦查主体在侦查过程中发现的，但在英美法系国家的司法实践中，该犯罪要件是在法庭审理过程中向裁判者提出的，被告方也是此时才提出辩护事由的，从这个角度看，两者在诉讼中是没有程序性差异的。如果认为辩护事由因是在法庭审理过程中才被提出就具有程序性，那么犯罪行为与犯意这一构成要件也会因在法庭审理过程中被提出而具有程序性。果真如此，那么就会使犯罪构成要件均成为程序性要件而不存在实体性要件了。

其实，辩护事由一直都是英美法系国家刑法学讨论的重要内容。例

---

❶ 陈兴良主编：《犯罪论体系研究》，清华大学出版社 2005 年版，第 96 – 143 页。
❷ 季卫东：《程序比较论》，《比较法研究》1993 年第 1 期。

如，美国加利福尼亚大学法学教授弗莱彻（George P. Fletcher）在其名著《反思刑法学》中用专章（第10章）充分讨论了"正当化事由与可宽恕事由理论"；美国学者哲斯勒（Joshua Dressler）在其名著《理解刑法》第7章中专门论述了证明责任问题；我国刑法学者所熟知的美国学者胡萨克（Douglas N. Husak）在其名著《刑法哲学》一书中更是将辩护事由称为"实体性辩护事由"。事实上，在程序法中，学者们往往很少讨论辩护事由问题。例如，在英国学者麦高伟等主编的《英国刑事司法程序》和美国学者伟恩·R. 拉费弗等著的《刑事诉讼法》中就根本没有关于辩护事由的专门阐述。由此可见，英美法系国家的刑法学者从来就不认为辩护事由具有程序的性质，而这也从反面说明前述学者关于英美法系国家犯罪构成要件的介绍有失准确。

二、英美法系国家犯罪构成要件之辨正

（一）犯罪表面成立要件：犯罪行为与心态

英美法系国家的刑法学者在讨论犯罪成立与否时一般使用"犯罪要素"（crime elements 或 offense elements）这一术语，同时还认为犯罪包括两个方面的要素：危害行为与犯意。例如，有学者认为："一般来说，犯罪包括两方面的要素：危害行为（actus reus），即犯罪的物理或外部部分；犯意（mens rea），即犯罪的心理或内在特征。"[1] 也有学者认为："通常将犯罪分为两个要素：危害行为和犯意，任何犯罪均可分解为这些因素。例如，谋杀是故意杀害他人的犯罪，谋杀罪的行为是杀人，犯意是故意。"[2] 从这些学者的观点不难看出，要成立犯罪必须同时具备外部要素（危害行

---

[1] Joshua Dressler, *Understanding Criminal Law*, New York：Matthew Bender & Company, Inc., 2001, p. 81, pp. 202–203.

[2] Nicola Padfield, *Criminal Law*, Beccles and London：Reed Elsevier (UK) Ltd., 2002, p. 21, p. 94.

为）和内部要素（犯意）。❶

危害行为，即犯罪的外部要素，是指除被告人主观因素以外的一切犯罪构成要件，而不是指狭义上的危害行为。从具体内容上看，犯罪的外部要素通常包括行为人的行为、行为实施的环境、行为导致的后果、行为与结果之间的因果关系等。由于犯罪的形态各异，犯罪的外部要素因不同的犯罪或同一犯罪的不同形态而呈现出不同的样态，但任何犯罪或任何阶段的犯罪均至少要有组成犯罪行为的客观要素。犯意，即犯罪的内部因素，又称责任要素，一般是指行为人对行为、行为结果、行为环境的认识和对此类因素的态度。《美国模范刑法典》规定，犯意包括蓄意（purposely）、明知（knowingly）、轻率（recklessly）和疏忽（negligently）四种。没有犯意，即使有行为人的危害行为，也不会要求其承担刑事责任。这里还需特别指出的是，英美法系国家的刑法中有一类比较特殊的犯罪，即严格责任犯罪（strict liability offences）。"严格责任"在我国有时被解释为"无需过错的情况下承担责任"（liability without fault），但英美法系国家的刑法学者普遍认为这是一种误解。其实，严格责任犯罪应当是这样一类犯罪，即某个犯罪外部要素（可能是关键性要素）不要求犯罪的心理因素，而不是该罪的任何外部要素均不要求心理因素。❷ 因此，任何犯罪都有犯意的要求，只是不同犯罪的犯意存在一定的差异。

在英美法系国家的刑事诉讼中，控诉方需要将犯罪的外部因素与内部因素证明到排除合理怀疑的程度。例如，在美国的刑事审判制度中，控诉方应将对被告人所指控的犯罪证明到排除合理怀疑的程度，即控诉方必须证明特定的被告人实施了特定的犯罪行为及成文法规定的行为情节、损害是嫌疑行

---

❶ 危害行为（Actus Reus）与犯意（Mens Rea）这一拉丁词语来自科克的著作《制度论》（Jonathan Herring, Marise Cremona, *Criminal Law*, London: Macmillan Press Ltd., 1989, p. 28）。不过，很多学者认为，此拉丁语模棱两可，在使用时可能导致混淆 [Nicola Padfield, *Criminal Law*, Beccles and London: Reed Elsevier (UK) Ltd., 2002, p. 21]。还有学者认为，它们本身就可能导致误解。这一用语已经受到了学者和法官们的批评。即使如此，危害行为与犯意这两个术语在英美法系国家的刑法中仍被广泛使用。

❷ *Blackstone's Criminal Practice* 2003, London: Oxford University Press, 2003, p. 30.

为所致。❶ 如果控诉方将某罪的外部因素与内部因素均证明到了排除合理怀疑的程度，那么被告人的刑事责任就在表面上（prima facie）成立了。

（二）犯罪实质成立要件：无罪辩护事由不存在

控诉方将某罪的外部因素与内部因素均证明到排除合理怀疑的程度，只能说明该罪表面成立。为了避免承担刑事责任，被告人通常会尽力为自己的行为进行辩护。如果其无罪辩护事由成立，那么其行为就不构成犯罪。因此，犯罪要实质上成立就必须排除无罪辩护事由的存在。正如有的学者在论及精神病患者的行为是否成立犯罪时所言："即使被告人的行为符合犯罪表面成立的通常要求——行为、心理状态、因果关系、结果——如果行为的发生是无意识或意志不受被告人控制的结果，那么被告人无罪，也不应当受到惩罚。"❷

这里还需指出的是，在刑法学中，学者们可能在不同的层面上使用辩护这一概念。有的学者从广义上使用"辩护"一词。例如，有学者认为，在刑法中，一个成功的辩护可能导致指控的减轻、减少或无罪。❸ 这说明，辩护包括无罪辩护、罪轻辩护两种；辩护的作用也就表现为导致无罪的判决或轻罪的判决。不过，也有学者从狭义上使用"辩护"一词。例如，有人认为："辩护（defense）一词至少从表层意思上看，通常意味着可能阻止定罪的一系列可知的情况。"❹ 这一观点实际上是认为辩护仅指无罪辩护，而没有将罪轻辩护包括在内。另外，还有学者从更狭窄的意义上使用"辩护"一词。例如，有学者认为："在刑事法中，'辩护'可能在更严格的意义上使用。从这一意义上看，'辩护'仅在被告人承认被指控的事实

❶ Suetitus Reid, *Criminal Law* (5th edition), Ohio: McGraw - Hill Company Inc., 2001, p. 87.

❷ Stephen J. Morse, "Excusing the Crazy: The Insanity Defense Reconsidered", *Southern California Law Review*, March, 777, 728 (1985).

❸ Suetitus Reid, *Criminal Law* (5th edition), Ohio: McGraw - Hill Company Inc., 2001, p. 87.

❹ Paul H. Robinson, "Criminal Law Defenses: A Systematic Analysis", 82 *Colum. L. Rev.* 199, 203 (1982).

确实由其实施的情况下使用。不在犯罪现场（defense of alibi）、对犯意的否认和对因果关系的否认均不是此种严格意义上的辩护，因为提出此类主张只是简单地否认了犯罪事实由其实施。但'前经宣告无罪，不应再受审判'（autrefois acquit）、正当防卫、受胁迫、豁免则属于这种严格意义上的辩护。"❶ 这一观点实际上将部分积极辩护事由从辩护中排除了。笔者在文中所谈的辩护事由仅指由辩护方提出的导致行为无罪的事由。

"一个面临犯罪指控而又希望主张无罪的被告人有许多的途径。"❷ 这些途径就是辩护事由。现代英美法系国家的刑法学者普遍将无罪辩护事由分为三大类：正当化事由、可宽恕事由以及以不同词汇命名的第三类辩护事由。❸

英美法系国家的学者们对于正当化事由与可宽恕事由的区分争议较大。在早期法律史上，英国刑法中正当化事由与可宽恕事由的区别有着深刻的实践意义，❹ 但两者间的理论区分并不明确。英国学者约翰·奥斯汀（John Austin）在其1957年出版的《请求辩护》一书中指出："简要地说，在前一种辩护（即正当化事由）中，人们承认行为为其所实施，但否认其

---

❶ John Gardner, "Fletcher on Offenses and Defences", 39 *Tulsa L. Rev.* 817, 817 (2004).

❷ Jonathan Herring, Marise Cremona, *Criminal Law*, London: Macmillan Press Ltd., 1989, p. 243.

❸ 第三类辩护事由又被称为法律执行政策、"无须开脱罪行的辩护（nonexculpatory defenses）"等。例如，美国学者罗宾逊（Paul H. Robinson）将第三类辩护事由称为"无须开脱罪行的辩护"，并将辩护事由分为五类，即否定犯罪成立要素的事由（failure of proof defenses）、修改犯罪定义的事由（offense modifications defenses）、正当化事由（justifications）、可宽恕事由（excuses）、不惩罚的公共政策事由（non-exculpatory public policy defenses）[Paul H. Robinson, "Criminal Law Defenses: A Systematic Analysis", 82 *Colum. L. Rev*, 199, 229-232 (1982)]；美国学者卡迪斯（Sanford H. Kadish）将辩护事由分为基于法律执行政策的辩护事由与可罚性辩护事由，然后再将后者分为正当化事由与可宽恕事由两个子类（Sanford H. Kadish, *Blame and Punishment: Essays in the Criminal Law*, London: Collier Macmillan, 1987, p. 82.）；美国学者摩尔（Michael S. Moore）将辩护事由首先分为外部政策辩护事由（extrinsic policy defences）与可罚性辩护事由，然后再将后者细分为正当化事由与可宽恕事由（Michael S. Moore, *Placing Blame*, Oxford: Oxford University Press, 1997, p. 482）。

❹ Joshua Dressler, *Understanding Criminal Law*, New York: Matthew Bender & Company, Inc., 1994, p. 205. 因为在重罪案件中，实施正当化行为的被告人将被无罪释放，但实施可宽恕行为的被告人将被判处与犯罪者同样的刑罚（死刑和没收财产），尽管他可能因为英王的赦免而被免于死刑的执行。后来，实施可宽恕行为的人也允许以获得归还令状（a writ of restitution）而重新获得被剥夺的财产。这种状况一直持续到1838年英国法律取消没收财产刑。

行为的错误性；在后一种辩护（即可宽恕事由）里，人们承认其有过错，但不承担全部责任，甚至认为完全不负责任。"❶ 这一区分在相当长的时间内广为人们所接受。例如，在英美法学界极具影响力的学者弗莱彻认为，正当化事由承认犯罪表面成立要件得到了满足，但认为行为是正确的而不是错误的；可宽恕事由并不否认行为的错误性，但认为行为人不应当承担责任。❷ 现在英美法系国家的学者从更直观的角度对两者进行了区分。例如，哲斯勒认为，可宽恕事由与正当化事由有根本的区别：正当化事由关注的是行为，试图表明行为不是错误的；而可宽恕事由关注的是行为人，试图说明行为人对其错误的行为不应负责任。❸

至于无罪辩护事由的归类，英美法系国家的学者们争议更大。综观各刑法与刑事证据法论著可知，一般认为：正当防卫、紧急避险、意外事件、警察圈套、执行职务、体育竞技、医疗行为、机械故障、被害人同意等属于正当化事由；未成年、精神病、醉态、认识错误、受胁迫、受挑衅等属于可宽恕事由；双重危险禁止、外交豁免、证据豁免、辩诉交易豁免、司法（立法、行政）豁免则属于第三类辩护事由。

三、英美法系国家犯罪构成要件之间的关系

英美法系国家有学者认为："在刑事审判中，一个成功的辩护将会减轻指控甚至会导致无罪判决的后果，所以辩护相当重要，但它们有时并不总是那么容易让人理解。"❶ 其原因主要在于，辩护事由与犯罪要素之间有时难以区分。要区分犯罪要素与辩护事由，首先就要解决犯罪成立与辩护

---

❶ Douglas N. Husak, *Philosophy of Criminal Law*, New Jersey: Rowman & Littlefield Publishers, 1987, p. 187, p. 198.

❷ George P. Fletcher, *Rethinking Criminal Law*, Boston: Little, Brown and Company, 1978, p. 759.

❸ Joshau Dressler, *Understanding Criminal Law*, New York: Matthew Bender & Company, Inc., 2001, p. 81, pp. 202 – 203.

❶ Suetitus Reid, *Criminal Law* (5th edition), Ohio: McGraw – Hill Company Inc., 2001, p. 87.

事由的关系问题。例如，英美法系国家的刑法学者经常提出这样一个问题："辩护事由不存在"是否为犯罪成立的一个要素？如果"辩护事由不存在"是犯罪成立的一个要素，那么辩护事由与犯罪成立的其他要素的区分就显得不那么重要；相反，"如果辩护事由不存在"不是与犯罪成立的其他要素属于同一层次的要素，而是独立的要素，那么区分两者的重要性就凸显出来了。

这一问题的解决取决于人们对危害行为、犯意与辩护事由三者之间关系的界定。对此，英美法系国家的刑法学者之间存在不同的认识。威廉姆斯（Glanville Williams）教授认为，犯罪的全部要素可分为犯罪行为和犯意，犯罪行为包括"辩护事由不存在"。而其他学者则更倾向于主张犯罪由危害行为、犯意和"辩护事由不存在"组成。❶ 如果说犯罪行为包括"辩护事由不存在"，那么辩护事由就不是犯罪成立的独立因素。根据证明责任分配原则，控诉方就应当对"辩护事由不存在"承担证明责任。如果犯罪包括危害行为、犯意和"辩护事由不存在"，那么"辩护事由不存在"就是犯罪成立的独立要素。根据证明责任分配原则，控诉方就无需对"辩护事由不存在"承担证明责任。英美法系国家刑法学者的主流观点是将"辩护事由不存在"视为犯罪的独立要素，而不是行为要素。在刑事证明责任分配方面，控诉方原则上只需证明犯罪行为要素与心理要素成立即可推定"辩护事由不存在"，故无须对辩护事由不存在进行一般的、独立的证明；只有在被告方提出辩护事由后，控诉方才对辩护事由的不成立承担说服责任。当然，在某些案件中也可能由被告人承担说服责任，这一点因辩护事由、司法领域的不同而有差异。

既然"辩护事由不存在"是犯罪成立的独立要素而不是行为要素且两者的区分关系到证明责任的分配问题，那么就有必要对两者作明确的区分。犯罪要素与辩护事由区分的困难主要在于犯罪要素有时与辩护事由重叠，并且这种重叠经常发生于犯意这一犯罪成立要素上。如前所述，犯意

---

❶ Nicola Padfield, *Criminal Law*, Beccles and London: Reed Elsevier（UK）Ltd., 2002, p. 21, p. 94.

是犯罪成立的内部要素，控诉方要证明犯罪的成立就必须将犯意证明到排除合理怀疑的程度；而为否定犯罪的成立，被告人就要使陪审团对犯意的存在产生合理怀疑，即否认自己有相关的犯意。也就是说，在证明被告人实施了相关行为后，控诉方通过证明被告人有相关犯意就可以证明犯罪的成立；而行为人即使承认有相关行为但否认有相关的犯意，也可以证明犯罪不成立。那么到底是应当由控诉方证明被告人有相关犯意（作为犯罪要素），还是应当由被告人否定自己有相关犯意（作为辩护事由）？犯意是犯罪成立的要素，而否认具有相关的犯意又是辩护事由的内容，所以两者之间是存在重叠的。例如，根据《美国法典》第 18 章第 1512 条第（b）（2）（A）的规定，对证人使用威胁的方法试图迫使他们收回自己的证言，其行为构成威胁证人罪。该罪的成立要素是：（1）行为人故意使用胁迫或暴力方法，或威胁或试图这样做；（2）基于迫使或促使他人收回证言或其他证据的故意。法律同时规定，辩护方可以辩护，但其要证明：（1）被告人的行为是完全合法的；（2）被告人的意图仅仅在于鼓励、引导或促使他人真诚作证。显然，证明故意存在与否定故意存在针对的都是该罪的心理要素，这说明两者是重叠的。

United States v. Johnson❶ 案就是一个较好的例证。在该案中被告人 Johnson 被指控犯有威胁证人罪，而 Johnson 认为控诉方应当排除合理怀疑地证明他基于"导致或引诱证人从正式程序中收回证言或记录、文书或其他别的物证"的故意实施了威胁或引诱行为。但积极的辩护要求 Johnson 证明他仅仅是基于"鼓励、引导或导致他人真实作证"的故意实施了某些行为。在此案件中，犯罪心理要素与辩护事由内容显然是重合的。Johnson 认为，两者的重合使他的积极辩护失去意义。美国联邦第二巡回法院认为，控诉方的证明责任在于排除合理怀疑地证明 Johnson 是基于引导他人在审判中收回证言或其他证据的故意实施了威胁或引诱行为；一旦控诉方满足了这一要求，Johnson 仍然可以优势证据证明他积极辩护的意图部分，即他仅希望证人收回不实证言。

---

❶ United States v. Johnson, 968 F. 2nd 208, 208 -216 (2d Cir. 1992).

另外，被害人同意也是一种辩护事由，但缺乏同意却是犯罪成立的要素。正如美国学者胡萨克所言："在犯罪的范围内，缺乏同意可以起一个犯罪成立要素的作用，或者说同意的存在起证明行为适当的作用。"❶ 到底是由被告人证明被害人同意而否定犯罪成立，还是由控诉方证明被害人不同意以证明犯罪成立？在英美法系国家的刑法学理论中，"缺乏同意"通常是作为犯罪成立要素而存在的。例如，强奸罪就是一个适例。不经同意而性交是强奸罪的一个要素，除非"不同意"这一要素得到了满足，否则，行为人的行为就不构成强奸罪。因此，在强奸案中，控诉方必须证明性行为发生时被害人不同意发生性行为，而不是由被告人证明被害人同意性交。正如有的学者所言："在强奸指控中，控诉方的证明责任不仅仅在于确认将阴茎插入阴道的事实，而且要证明存在被害人不同意性交的事实，还要证明被告人要么明知她不同意性交，要么因疏忽大意不知她是否同意性交。"❷

四、英美法系国家犯罪构成要件理论之启示

从英美法系国家双层犯罪构成要件理论和证明责任理论看，危害行为和犯罪心态是刑事责任的基础，辩护事由的成立可以否定行为构成犯罪。控诉方的证明责任在于证明危害行为和犯罪心态成立并反驳被告人提出的辩护事由，被告人的证明责任在于提出证据支持自己的辩护主张。由此可见，英美法系国家的犯罪构成理论为刑事诉讼中证明责任的分配提供了实体法基础。

中华人民共和国成立后，我国移植了苏联的犯罪构成理论，认为要判定一个行为是否构成犯罪必须从犯罪主体、犯罪主观方面、犯罪客体和犯罪客观方面四个要件着眼。❸ 如果四个要件同时具备，行为即成立犯罪，

---

❶ Douglas N. Husak, *Philosophy of Criminal Law*, New Jersey: Rowman & Littlefield Publishers, 1987, p. 187, p. 198.

❷ John A. Andrews, Michael Hirst, *Criminal Evidence*, London: Sweet & Maxwell, 1992, p. 62.

❸ 随着研究的深入，我国有不少学者对犯罪构成四要件理论提出了质疑，并形成了不同的观点（何秉松：《犯罪构成系统论》，中国法制出版社1995年版，第110页）。但是，犯罪构成"四要件说"目前仍是我国刑法学理论界的通说。

缺少其中任一个要件便可否定犯罪的成立。有学者将我国的犯罪构成体系称为"齐合填充式"的犯罪构成理论体系。❶ 一般认为我国的犯罪构成是实质的犯罪构成。

我国刑法学理论通说认为，排除犯罪性行为（排除社会危害性行为）是形式上符合犯罪构成但实质上没有社会危害性从而不构成犯罪的行为。例如，有学者认为，排除社会危害性的行为是指外表上符合某种犯罪构成，实质上不具有社会危害性的行为。❷ 还有学者认为，排除犯罪性的行为，是指形式上似乎符合某种犯罪构成，但在实质上不具备刑事违法性且大多是对社会有益的行为。❸ 从这些定义中可以看出，排除犯罪性行为中排除犯罪性的理由相当于英美法系国家刑法学理论所指的辩护事由。

对于犯罪构成与排除犯罪性事由的关系，如果我们分别从犯罪构成理论与排除犯罪性行为理论出发加以考察，就会得出完全不同的结论。犯罪构成理论认为犯罪构成是实质性的，犯罪构成要件齐备，行为就构成犯罪，无需考虑其他因素。因此，如果从犯罪构成理论出发，我们可以得出这样一个结论：犯罪构成要件包含了排除犯罪性事由（或者说排除犯罪性事由与犯罪构成要件相重合）。排除犯罪性行为理论则认为，即使在行为形式上符合犯罪构成的情况下也可能排除行为的犯罪性，这使犯罪构成具有形式性特征。由此我们又可以得出这样的结论：排除犯罪性行为与犯罪构成在犯罪论体系结构中是平等或并列的，不存在前者被后者包容的关系。❹

如果说我国的犯罪构成与排除犯罪性事由在犯罪论体系中是并列的关系，那么犯罪构成就不是实质性的犯罪构成，而是形式性或表面性的犯罪构成。这种结果显然无法为我国刑法学理论界的通说所接受。如果说犯罪构成是犯罪成立的全部要件、排除犯罪性事由完全为其所包容，由于排除犯罪性事由与犯罪构成要件重合，就应当完全由控诉方承担证明责任，被

---

❶ 肖中华：《犯罪构成及其关系论》，中国人民大学出版社 2000 年版，第 44 页。

❷ 王作富主编：《中国刑法研究》，中国人民大学出版社 1988 年版，第 190 页。

❸ 赵秉志、吴振兴主编：《刑法学通论》，高等教育出版社 1993 年版，第 266 页。

❹ 正因为如此，有学者认为在我国刑法学理论中，阻却责任事由理论虽然与犯罪构成理论密切联系，但并不属于犯罪构成理论内部的有机组成部分。参见肖中华：《犯罪构成关系论》，中国人民大学出版社 2000 年版，第 218－219 页。

告人没有任何证明责任。这种结果明显与司法实践中被告人对排除犯罪性事由承担一定程度的证明责任的做法相悖,尽管我国刑事诉讼法未要求被告人承担证明责任。这就说明我国的犯罪构成理论无法为刑事证明责任的分配提供实体法基础。为了将刑事诉讼中的证明责任合理地分配给控诉方与被告人,就很有必要完善我国的犯罪构成理论。当然,我国刑法学界也有学者对此持反对意见。例如,有学者认为:"被告人是不是能够参与刑事诉讼,是不是享有合法辩护权,在多大程度上享有合法辩护权,这些都是由作为程序法的刑事诉讼法所规定的内容,而和作为实体法的刑法没有多大关系。犯罪构成是作为实体法的刑法所规定的成立犯罪的规格、标准和类型,它本身是一个被辩论的对象,并不能决定被告人所享有的辩护空间范围的大小。"❶ 笔者认为,刑法与刑事诉讼法事实上具有密切的关系,并且正是我国现行的犯罪构成理论妨碍了刑事证明责任的合理分配。

事实上,针对我国犯罪构成理论体系存在的各种问题,刑法学理论界已经对犯罪构成理论提出了各种各样的改造方案:有学者从现有犯罪构成体系内部入手,对犯罪构成的要件加以分解、整合或删减,将现有的犯罪构成"四要件说"改为"五要件说""三要件说""二要件说",❷ 也有学者完全否定现行的犯罪构成理论体系,转而借鉴大陆法系国家的犯罪构成体系,从构成要件的符合性、违法性和有责性角度论述犯罪构成要件。❸ 笔者认为,在保持我国现有犯罪构成理论整体样态的情况下对犯罪构成理论作内部改造虽能解决现行犯罪构成理论中存在的部分问题,但仍然无法为刑事证明责任的合理分配提供实体法基础。

目前,我国刑事诉讼法学界主张移植英美法系国家诉讼制度的呼声越来越高。为了配合我国刑事诉讼制度的改革,同时也是为了给刑事证明责任的合理分配提供实体法基础,我国完全可以借鉴英美法系国家的犯罪构成理论来完善我国的犯罪构成理论。在完善我国的犯罪构成理论时,应注

---

❶ 黎宏:《我国犯罪构成体系不必重构》,《法学研究》2006 年第 1 期。

❷ 杨兴培:《犯罪构成原论》,中国检察出版社 2004 年版,第 63 页。

❸ 宁杰:《犯罪构成理论的重构——访陈兴良教授》,http://www.chinavalue.net/article/43438.html。

意从以下两个方面着手：（1）承认行为与心态在成立犯罪中的表面性作用，而不能认为犯罪主观方面与客观方面具有绝对的实质性、决定性意义；（2）将排除犯罪性事由纳入犯罪构成理论中，使之成为与行为、心态相对立的要件。只有将行为与心态的作用表面化，同时将排除犯罪性事由纳入犯罪构成要件中，才能为刑事诉讼中控诉方与辩护方证明责任的分配提供合理的实体法基础。

美国犯罪成立要件与证明责任分配

摘　要：美国犯罪成立要件包括两方面的内容：犯罪表面成立要件和犯罪实质成立要件。前者是指行为与心态，后者是指无罪辩护事由不成立。在犯罪成立要件证明责任划分上，美国刑事诉讼中通常要求控诉方将犯罪表面成立要件证明到排除合理怀疑的程度，犯罪成立实质要件的说服责任通常也由控诉方承担，只是在例外的情况下才由辩护方承担。在犯罪成立要件与证明责任分配的关系上，犯罪成立实体要件是刑事证明责任分配的关键内容，犯罪成立实体要件的结构决定了证明责任的分配，证明责任的分配实现了犯罪成立实体要件的机能。

关键词：美国；犯罪成立要件；证明责任

犯罪成立要件是从实体法的角度探讨犯罪成立所需达到的条件，刑事证明责任分配是指由控方还是辩方承担向事实裁判者证明犯罪成立要件真实的责任。虽然犯罪成立要件属于刑法范畴、证明责任属于证据法范畴，但两者具有十分紧密的联系。美国犯罪成立要件与证明责任分配就鲜明地体现了这一点。

一、美国刑法中犯罪成立要件

我国学者在讨论英美法系犯罪成立要件时，一般从两个层面加以分析。不过，在概念使用上学者间存在一定的差异，或称为犯罪本体要件与责任充足要件❶，或称为实体性犯罪构成要件和程序性犯罪构成要件❷。笔者将美国犯罪成立要件概括为犯罪表面成立要件和犯罪实质成立要件。

（一）犯罪表面成立要件：犯罪行为与心态

美国学者在讨论犯罪成立与否时一般使用"犯罪要素"（Crime Elements 或 Offense Elements）这一术语，并认为犯罪包括两方面的要素：危害行为和犯意。正如有学者所言："一般来说，犯罪包括两方面的要素：危害行为（actus reus），即犯罪的物理或外部部分；犯意（mens rea），即犯罪的心理或内在特征。"❸

在美国刑法学者的观念中，危害行为即犯罪的外部要素是指除被告人主观因素以外的一切犯罪要件，并不是仅仅指狭义上的危害行为。从具体内容上看，犯罪的外部要素通常包括行为人的行为、行为实施的环境、行为导致的后果、行为与结果之间的因果关系等。由于犯罪的形态各异，犯罪的外部要素因不同的犯罪或同一犯罪的不同形态而呈现出不同的样态，但任何犯罪或任何阶段的犯罪均至少要有组成犯罪人行为的客观要素。

作为心理要素的犯意又称为责任要素，没有作为心理因素的犯意即使有行为人的危害行为，也不会要求其承担法律责任。犯罪心理要素一般包括行为人关于行为、行为结果、行为环境的认识和对此类因素的态度。在美国《模范刑法典》中，犯意包括蓄意（purposely）、明知（knowingly）、轻率（recklessly）和疏忽（negligently）四种。美国刑法中有一类比较特殊的犯罪，即严格责任犯罪（strict liability offences）。"strict liability"有时被解释为"无需要过错的情况下承担责任"（liability without fault），但美国刑法学者普遍认为这是一种误解，这种解释会使人们误认为这种犯罪不要求任何心理或过错因素。严格责任犯罪应当是这样一类犯罪，即某一个

❶ 储槐植：《美国刑法》（第三版），北京大学出版社 2005 年版，第 35 页。

❷ 陈兴良主编：《犯罪论体系研究》，清华大学出版社 2005 年版，第 96 – 143 页。

❸ Joshau Dressler, *Understanding Criminal Law*, New York：Matthew Bender & Company Inc. , 2001, p. 81.

犯罪外部要素（可能是关键性要素）不要求犯罪的心理因素，而不是该罪的任何外部要素均不要求心理因素。所以，任何犯罪都有犯意的要求，只是不同的犯罪犯意存在一定的差异。

在美国刑事审判制度中，控诉方必须证明特定的被告人实施了特定的犯罪行为及成文法规定的行为情节、损害是嫌疑行为所致。❶ 如果控诉方将某罪的外部因素与内部因素均证明到了排除合理怀疑的程度，那么被告人刑事责任就表面上（prima facie）成立了。

（二）犯罪实质成立要件：无罪辩护事由不存在

控方将某罪的外部因素与内部因素均证明到了排除合理怀疑的程度，只能说明该罪表面成立。为了避免承担刑事责任，被告人将尽力为自己的行为辩护。如果其无罪辩护事由成立，那么其行为并不构成犯罪。所以犯罪要实质上成立就必须排除辩护事由的存在。正如有学者在论及犯罪成立与精神病辩护时所言："即使被告人的行为符合犯罪表面成立要件的通常要求——行为、心理状态、因果关系、结果——如果行为的发生是无意识或意志不受被告人控制的结果，那么被告人无罪，也不应当受到惩罚。"❷

在刑法学中，学者们可能在不同层面上使用辩护这一概念。从广义上看，辩护事由是指能够否定或减轻控诉方指控的观点和理由。有学者认为，在刑法中，一个成功的辩护可能导致指控的减轻、减少或无罪。❸ 这说明，辩护包括无罪辩护、罪轻辩护两种；辩护的作用也就表现为导致无罪的判决或轻罪的判决。不过，也有刑法学者是从狭义上使用"辩护"一词的，例如有人认为："辩护（defense）一词至少从表层意思上看，通常意味着可能阻止定罪的一系列可知的情况。"❹这一观点实际上是认为辩护即为无罪辩护，而没有将罪轻辩护包括在内。另外，还有学者从更狭义的

---

❶ Suetitus Reid, *Criminal Law* (5th edition), Ohio: McGraw – Hill Company Inc., 2001, p. 87.

❷ Stephen J. Morse, "Excusing The Crazy: The Insanity Defense Reconsidered", *Southern California Law Review*, March, 777, 728 (1985).

❸ Suetitus Reid, *Criminal Law* (5th edition), Ohio: McGraw – Hill Company Inc., 2001, p. 87.

❹ Paul H. Robinson, "Criminal Law Defenses: A Systematic Analysis", 82 *Colum. L. Rev.*, 199, 203 (1982).

角度使用辩护一词。例如，有学者认为："在刑事法中，'辩护'一词可能在更严格的意义上使用。从这一意义上看，'辩护'仅在被告人承认被指控的事实确实由其实施的情况下使用。不在犯罪现场（defense of alibi）、对犯意的否认和对因果关系的否认均不是此种严格意义上的辩护，因为提出此类主张只是简单地否认了犯罪事实由其实施。但'前经宣告无罪，不应再受审判'（autrefois acquit）、正当防卫、受胁迫、豁免则属于这种严格意义上的辩护。"❶ 这一观点实际上将部分积极辩护事由排除于辩护之外。笔者在文中所谈的辩护事由仅仅指由辩护方提出的导致行为无罪的事由。

"一个面临犯罪指控而又希望主张无罪的被告人有许多的途径。"❷ 这种途径就是提出各种无罪辩护事由。美国现代刑法学者普遍将无罪辩护事由分为三大类：正当化事由、可宽恕事由以及以不同词汇命名的第三类辩护事由。第三类辩护事由或被称为法律执行政策，或被称为"无需开脱罪行的辩护"（nonexculpatory defenses），或其他别的用语。例如，美国学者罗宾逊（Paul H. Robinson）将第三类称为"无需开脱罪行的辩护"❸；美国学者卡迪斯（Sanford H. Kadish）将辩护事由分为基于法律执行政策的辩护事由和可罚性辩护事由，然后再将后者分为正当化事由和可宽恕事由两个子类❹；美国学者摩尔（Michael S. Moore）将辩护事由首先分为外部政策辩护事由（extrinsic policy defences）和可罚性辩护事由，然后再将后者细分为正当化事由与可宽恕事由。❺

学者们对于正当化事由与可宽恕事由的区分争议较大。在早期法律史

---

❶ John Gardner，"Fletcher on Offenses and Defences"，39 *Tulsa L. Rev.*，817，817（2004）．

❷ Jonathan Herring，Marise Cremona，*Criminal Law*，London：Macmillan press Ltd.，1989，p. 243.

❸ Paul H. Robinson，"Criminal Law Defenses：A Systematic Analysis"，82 *Colum. L. Rev.*，199，229 – 232（1982）．在该文中，罗宾逊将辩护事由分为五类，即否定犯罪成立要素的事由（failure of proof defenses）、修改犯罪定义的事由（offense modifications defenses）、正当化事由（justifications）、可宽恕事由（excuses）及不惩罚的公共政策事由（nonexculpatory public policy defenses）。

❹ Sanford H. Kadish，*Blame and Punishment：Essays in the Criminal Law*，London：Collier Macmillan，1987，p. 82.

❺ Michael S. Moore，*Placing Blame*，Oxford：Oxford University Press，1997，p. 482.

上，英国刑法中正当化事由与可宽恕事由的区别有着深刻的实践意义。❶
但两者间的理论区分并不明确，英国学者约翰·奥斯汀（John Austin）在
1957 年出版的《请求辩护》（*A Plea for Excuses*）一书中认为："简要地说，
在前一种辩护（即正当化事由——引者注）中，人们承认行为为其所实
施，但否认其行为的错误性；在后一种辩护（即可宽恕事由——引者注）
里，人们承认其有过错，但不承担全部责任，甚至认为完全不负责任。"❷
这一区分在相当长的时间内广为美国学者所接受。例如，在美国法学界极
具影响力的学者弗莱彻（George P Fletcher）认为，正当化事由承认犯罪定
义得到了满足，但认为行为是正确的而不是错误的；可宽恕事由并不否认
行为的错误性，但认为行为人不应当承担责任。❸ 现在学者们从更直观的
角度对两者加以区分。例如，哲斯勒（Joshua Dressler）认为可宽恕事由与
正当化事由有根本的区别：正当化事由关注的是行为，试图表明行为不是
错误的；而可宽恕事由关注的是行为人，试图说明行为人对他错误的行为
不应负责任。❹

至于无罪辩护事由的归类，学者们的争议就更大了。综合各刑法与刑
事证据法论著，一般认为：正当防卫、紧急避险、意外事实、警察圈套、
执行职务、体育竞技、医疗行为、机械故障、被害人同意等属于正当化事
由；未成年、精神病、醉态、认识错误、受胁迫、受挑衅等属于可宽恕事
由；双重危险禁止、外交豁免、证据豁免、辩诉交易豁免、司法（立法、
行政）豁免则属于"无需开脱罪行的辩护事由"。

---

❶ Joshua Dressler, *Understanding Criminal Law*, New York：Matthew Bender & Company Inc.，
1994, p. 205. 因为在重罪案件中，实施正当化行为的被告人将被无罪释放，但实施可宽恕行为的
被告人将被判以与犯罪者同样的刑罚（死刑和没收财产），尽管他可能因为英王的赦免而被免于死
刑的执行。后来，实施可宽恕行为的人也允许以获得归还令状（a writ of restitution）而重新获得被
剥夺的财产，直到 1838 年英国法律上取消没收财产刑。

❷ Douglas N. Husak, *Philosophy of Criminal Law*, New Jersey：Rowman & Littlefield Publishers，
1987, p. 187.

❸ George P Fletcher, *Rethinking Criminal Law*, Boston：Little, Brown and Company, 1978,
p. 759.

❹ Joshua Dressler, *Understanding Criminal Law* (3th edition), New York：Matthew Bender &
Company Inc.，2001, pp. 202 - 203.

（三）美国刑法中犯罪成立要件之间的关系

关于犯罪成立要素与辩护事由之间的关系，有学者认为："在刑事审判中，一个成功的辩护将会减轻指控甚至会导致无罪判决的后果，所以辩护相当重要，但它们有时并不总是那么容易让人理解。"[1] 其原因主要在于，辩护事由和犯罪要素之间有时难以区分。对两者的区分不仅仅涉及其定义问题，更主要的是涉及证明责任的分配。要区分犯罪要素与辩护事由首先就要解决犯罪成立与辩护事由的关系问题。例如，美国刑法学者经常提出这样一个问题："辩护事由不存在"是否为犯罪成立的一个要素？如果"辩护事由不存在"是犯罪成立的一个要素，那么辩护事由与犯罪成立的其他要素的区分就显得不那么重要；相反，如果"辩护事由不存在"不是与犯罪成立的其他要素属于同一层次而是独立的要素，两者区分的重要性就凸显出来了。

这一问题的解决取决于危害行为、犯意与辩护事由的关系。如果说犯罪行为包括"辩护事由不存在"，那么辩护事由就不是犯罪成立的独立因素。根据证明责任分配原则，控诉方就应当对"辩护事由不存在"承担证明责任。如果犯罪成立包括危害行为、犯意和"辩护事由不存在"，那么"辩护事由不存在"就是犯罪成立的独立要素。根据证明责任分配原则，控诉方就无须对"辩护事由不存在"承担证明责任。从美国刑事法学者的主流观点看，一般将"辩护事由不存在"视为犯罪的独立要素，而不是行为要素。在刑事证明责任上，控诉方原则上只需证明犯罪行为要素和心理要素成立即可推定"辩护事由不存在"，故无须对辩护事由不存在进行一般的、独立的证明；只有在被告方提出辩护事由后，控诉方才对辩护事由的不成立承担说服责任（有时由被告人承担说服责任，这一点因辩护事由的不同、司法领域的不同而有差异）。

既然"辩护事由不存在"是独立于犯罪成立的其他要素，且两者的区

---

[1] Suetitus Reid, *Criminal Law* (5th edition), Ohio: McGraw - Hill Company Inc., 2001, p. 87.

分涉及证明责任分配问题，就有必要对两者区别。犯罪要素与辩护事由区分的困难主要在于犯罪的要素有时与辩护事由重叠。这种重叠经常发生于犯意这一犯罪成立要素上。如前所述，犯意是犯罪成立的内部要素，控诉方要证明犯罪的成立就必须将犯意证明到排除合理怀疑的程度。但为否定犯罪的成立，被告人就要使陪审员对犯意的存在产生合理怀疑，即否认自己有相关的犯意。也就是说，在证明被告人实施了相关行为后，控诉方通过证明被告人有相关犯意就可以证明犯罪的成立；而行为人即使承认有相关行为但否认有相关的犯意，也可以证明犯罪不成立。那么到底是由控诉方证明被告人有相关犯意（作为犯罪要素），还是应当由被告人否定自己有相关故意（作为辩护事由）？犯意是犯罪的要素，而否认具有相关的犯意又是辩护事由的内容，所以两者之间是存在重叠的。例如，根据《美国法典》第 18 章第 1512 第（b）（2）（A）的规定，对证人使用威胁方法试图迫使他们收回自己的证言，其行为构成威胁证人（witness – tampering）罪。该罪的成立要素是：（1）行为人故意使用胁迫或暴力，或威胁或试图这样做，（2）基于迫使或促使他人收回证言或其他证据的故意。制定法规定辩护方可以辩护，他要证明：（1）他的行为完全是合法的，（2）他的意图仅仅在于鼓励、引导或促使他人真诚作证。显然，证明故意存在与否定故意存在针对的都是该罪的心理要素，两者是重叠的。

United States v. Johnson❶ 就是一个较好的例证。在案中被告人 Johnson 被指控犯有威胁证人罪。Johnson 认为控诉方应当排除合理怀疑地证明他"基于导致或引诱证人从正式程序中收回证言或记录、文书或其他别的物证"的故意实施了威胁或引诱行为。但积极辩护要求 Johnson 证明他仅仅是基于"鼓励、引导或导致他人真实作证"的故意实施了某些行为。显然犯罪心理要素与积极辩护内容重合。Johnson 认为，两者的重合使他的积极辩护没有了任何意义。美国第二巡回法院认为，公诉方的证明责任在于排除合理怀疑地证明 Johnson 是基于引导他人在审判中收回证言或其他证据的故意实施了威胁或引诱行为；一旦控诉方满足了这一要求，Johnson 仍然

---

❶ United States v. Johnson, 968 F. 2d 208, 208 – 216 (2d Cir. 1992).

可以以优势证据证明他积极辩护的意图部分，即他希望证人收回不实证言。

另外，被害人同意（victim's consent）是一种辩护事由，但缺乏同意（absence of consent）是犯罪的构成要素。正如美国学者胡萨克（Douglas N. Husak）所言："在犯罪的范围内，缺乏同意可以起一个犯罪成立要素的作用，或者说同意的存在起证明行为适当的作用。"❶ 到底是由被告人证明被害人同意而否定犯罪成立，还是由控诉方证明被害人不同意以证明犯罪成立？在美国刑法中，"缺乏同意"通常是作为犯罪成立要素而存在的。例如，强奸罪就是一个较好的例子。不同意性交是强奸罪的一个要素，除非不同意这一要素满足了，否则就不构成强奸罪。所以在强奸案中，控诉方必须证明性行为发生时控告者不同意发生性行为，而不是由被告人证明控告者同意性交。正如有的学者所言："在强奸指控中，控诉方的证明责任不仅仅在于确立将阴茎插入阴道的事实，而且要证明被害人不同意性交的事实，还要证明被告人要么明知她不同意性交要么因疏忽大意不知她是否同意性交。"❷ 又如，在强制猥亵侵犯的指控中，控诉方必须证明强制猥亵行为发生时控告者不同意猥亵行为，而不是由辩护方承担控告者同意的证明责任。

二、美国犯罪成立要件证明责任的分配

1890 年美国法学家塞耶（J. B. Thayer）首次提出了证明责任的双重含义。他认为证明责任包含两层意思：一是"对各方当事人正在争议的问题，有提出主张的责任，如其不提出主张，则就会败诉"；二是"不论在案件开始时或在庭审、辩论的全部过程中，有推进辩论或提供证据的责任"❸。受塞耶证明责任双重含义的影响，美国法学界一般从两个方面界定

---

❶ Douglas N. Husak, *Criminal Law*, New Jersey: Rowman & Littlefield Publishers, 1987, p. 198.

❷ John A Andrews, Michael Hirst, *Criminal Evidence*, London: Sweet & Maxwell, 1992, p. 62.

❸ 王以真：《英美刑事证据法中的证明责任问题》，《中国法学》1991 年第 4 期。

证明责任。一是提供证据责任（burden of production），即提出某项证据使自己的主张成为争议点，又称"证据责任"（evidential burden）、"用证据推进的责任"（burden of goingfoward with evidence）或"通过法官的责任"（duty of passing the judge）；二是说服责任（burden of persuasion），指由主张一方提出证据说服陪审团裁判己方主张为真的责任，又称"法律责任"（legal burden）、"说服责任"（persuasive burden）、"基于起诉的责任"（the burden of proof on the pleadings）、"混合证明责任"（the fixed burden of proof）、"不说服的危险"（the risk of non – persuasion）、"证明责任"（probative burden）。两种不同层面的证明责任的意义在于，没有解除第一层意义上的证明责任将使法官作出不要求对方当事人答辩或根本不将案件提交陪审团的决定；而没有解除第二层意义上的证明责任将导致事实裁定者对争议问题作出有利于对方当事人的裁定。

（一）犯罪表面成立要件的证明责任

如前所述，美国犯罪成立要件有表面要件和实质要件。犯罪表面成立要件包括犯罪行为和犯罪心态，它是刑事责任的基础，所有犯罪都不得缺乏这两方面的内容。在刑事诉讼中，到底由谁来承担犯罪表面成立的证明责任？这就取决于证明责任分配问题。

与民事诉讼一样，美国刑事案件的证明责任开始也是由被告人承担的。在 1857 年的 People v. McCann 案❶中，纽约上诉法院要求政府对所有犯罪要素（包括被告人的精神病）承担说服责任。该法院认为，应当由政府展示成立犯罪所要求的要素存在；被告人的犯意是这些要素中的重要因素；既然行为和意志都是犯罪的要素，如果对于被告是否能区分正确与错误存在任何怀疑，为什么不能作出有利于被告人的判决呢？美国联邦最高法院在 Davis v. United States 案❷中判定政府承担否定精神病辩护的责任，而且政府要将被告人精神病辩护证明到排除合理怀疑的程度，否则就应当

---

❶ People v. McCann, 16N. Y. 58, 65 – 67 (1857).

❷ Davis v. United States, 160 U. S. 487 – 88 (1895).

作出有利于被告人的判决❶。

这两个案例只涉及证明责任分配中的特定问题——精神病的证明责任。具有普遍意义的证明责任分配的一般原则，美国在 19 世纪 80 年代才建立起来。在 Coffin v. United State 案❷中，美国联邦最高法院从无罪推定的角度谈及证明责任问题，该院认为，无罪推定原则是有利于被告的、不正自明的、不可置疑的基本规则，它的运用根植于我们刑法适用的基础之中；除非被指控的罪行被证明到排除合理怀疑的程度，否则就应当对被告人无罪释放。从美国联邦最高法院的观点看，既然被告人受无罪推定的保护，若欲要求法院对被告人作出有罪判决，控诉方就必须将被告人的罪行证明到排除合理怀疑的程度。该判例只是确立了证明责任的分配基础，从这个基础我们可推断证明被告人有罪由控诉方承担，即应当由控诉方承担被告人犯罪表面成立的证明责任。

在 In re Winship 案❸中美国联邦最高法院明确要求控诉方承担证明被告人有罪的责任。在该案中美国联邦最高法院认为，根据正当程序条款的要求，控诉方应当将成立指控犯罪所需的所有事实证明到排除合理怀疑的程度。

既然成立犯罪的首要要素包括危害行为和犯意，控诉方必须证明成立犯罪的某一犯罪行为的所有要素，控诉方在刑事诉讼中就应当对于行为人的危害行为和犯意承担证明责任。例如，如果某人以非法永久占有的意图非法占有了属于他人的财产，他就可能犯有侵犯财产罪。在该案中，陪审团将被告知，控诉方必须证明：（1）被告人占有了属于他人的财产；（2）如果陪审团发现被告人确实占有了该财产，控诉方必须证明被告人不诚实地、故意永久剥夺了他人的财产。如果控诉方没有对其中的任何一个因素加以证明，控诉方就败诉了，被告人应被宣告无罪。

---

❶ 1984 年美国国会通过了《精神病辩护改革法》（*Insanity Defense Reform Act of* 1984），该法要求被告人以"明确而有说服力的证据"（clear and convincing evidence）证明精神病的成立。因此，在联邦法院系统，精神病的说服责任也由被告人承担。

❷ Coffin v. United States，156 U. S. 432 （1895）.

❸ In re Winship，397 U. S. 358 （1970）.

当然，这只是从入罪的角度看犯罪成立的证明责任；如果从出罪的角度看，就存在一个辩护事由的证明责任问题。

（二）犯罪实质要件的证明责任

从刑事诉讼实践看，控诉方证明了犯罪表面成立要件基本上可以推定行为构成犯罪，除非被告方提出无罪辩护事由。被告方提出无罪辩护事由后控诉方应当加以反驳。这就说明，原则上❶针对无罪辩护事由被告方有提出证据的责任。这是因为，"要求控诉方反驳被告人可能作为辩护的每一个可能的事实，这是不公平的；在不知道这些争议问题会以什么形式出现的情况下，要对其进行反驳也是件困难的事情；这将会拖延审判时间，陪审团也会对相关问题的多样性感到困惑"。

在判例法中，下列两个案例在确立犯罪实质要件证明责任分配上起到了先例性作用。在 Mullaney v. Willbur 案❷中美国联邦最高法院认为，犯罪要素不存在的说服责任不能由被告人承担。在该案中，缅因州要求被指控犯有谋杀罪（该罪有强制性终身监禁刑）的被告人证明他是在突然受挑衅的激情中实施了其行为，以将谋杀罪减轻为过失杀人罪（该罪的法定刑为罚金或最多不超过 20 年的监禁刑）。缅因州关于谋杀罪的法律中规定，任何人基于预谋的故意非法杀死他人，无论这种故意是明确的还是含蓄的，均构成谋杀罪，应当被判处终身监禁。关于过失杀人罪的法律规定，任何人在基于受突然挑衅的激情而非法杀死他人，而没有明确或预谋故意……应当被判处不超过 1000 美元的罚金或处于不超过 20 年的监禁。一审法院在阅读两罪的法律定义后认为，"预谋的故意是谋杀罪一个本质的、不可缺少的要件"，它是区别谋杀和过失杀人的关键要素。但法官指示陪审团，如果控诉方证明了杀人行为是故意的、非法的，除非被告人以优势证据证明他的行为是在突然受到挑衅而在激情中实施的，否则预谋的故意就可以推定。陪审团裁定被告人犯有谋杀罪。被告人向缅因州最高法院上诉，诉

---

❶ 这里使用了"原则上"三字，理由在于美国有联邦法域、州法域，各州在无罪辩护事由证明责任分配上并不完全一致，笔者在后文中会提及。

❷ Mullaney v. Willbur, 421 U. S. 684 (1975).

称他没有得到正当程序的保护，因为被要求通过证明突然受到挑衅而否定预谋恶意这一要素，而预谋恶意在缅因州是谋杀罪的本质要素。缅因州最高法院驳回了其主张，因为谋杀与过失杀人在缅因州不是两个犯罪，而是一个重罪杀人罪的两个不同的级别。后来，被告人从联邦地区法院获得了人身保护令（a writ of habeas corpus）。该法院认为根据缅因州的法律，谋杀与过失杀人是两种不同的犯罪，而不是一个犯罪的不同级别，预谋恶意是谋杀罪的区别要素，它与过失杀人罪的要素明显不同。因此，该法院认为控诉方应当将预谋恶意证明到排除合理怀疑的程度，而不能依赖于推定。第一巡回上诉法院赞同该认定。该院认为缅因州的规则与宪法第十四修正案的正当程序条款不符，正当程序条款要求控诉方必须将指控犯罪的每一个构罪事实证明到排除合理怀疑的程度。

在 Patterson v. New York 案❶中，美国联邦最高法院认为非犯罪要素但与定罪有关的事实要由被告人承担说服责任。在该案中，被告人 Patterson 被指控犯有二级谋杀罪。在法庭审理前被告人承认实施了杀人行为，但在审理时提出了心理极端混乱的辩护。根据美国纽约州的法律，该罪成立有两个要素：（1）导致他人死亡的故意；（2）导致该人或他人的死亡。所以，预谋恶意不是该罪的要素。而且该州允许被告人对谋杀提出积极辩护，即受极端心理混乱影响而实施杀人行为是一个合理的解释或理由。法院根据陪审团的裁定判定被告人犯有谋杀罪，上诉后纽约州最高法院上诉分庭维持了这一判决。在上诉到纽约州最高法院后，Patterson 主张纽约州谋杀罪的法律规定因将辩护事由的说服责任转移给了被告人，违反了正当程序条款，其有罪判决应当被推翻。该法院驳回了上诉人的请求，认为该法与正当程序条款一致。上诉到美国联邦最高法院后，该院认为，与 Mullaney 案不同，纽约州的法律并没有将被指控犯罪的要素不成立的证明责任转移给被告人，因为纽约州心理极度混乱这一积极辩护事由与谋杀罪的任何要素没有直接关系。

从这两个案例中可以看出，关于某一辩护事由被告人承担什么样的证

---

❶ Patterson v. New York, 432 U. S. 197 (1977).

明责任，美国联邦最高法院并没统一各州的做法，而是将决定权置于各州的法院。但这有一个原则性的限制，即如果辩护事由是对犯罪成立要素的否定，那么就应当由控方承担说服责任；相反，如果辩护事由并没有否定犯罪成立要素，则应当由辩护方承担说服责任。一项主张是不是犯罪成立要素，取决于各州立法机关关于该犯罪的法律规定。

正因为如此，从各州的情况看，由于各州立法存在一定的差异，在辩护事由的证明责任上，各州做法也不完全一致。一些州将否定辩护事由的说服责任赋予政府承担，其他的一些州则有选择地要求政府承担否定辩护事由的说服责任。几乎所有的州都要求政府对正当化事由的否定承担说服责任，如为他人利益实施防卫行为、为财产利益实施防卫行为、为住所实施防卫行为，绝大多数的州要求政府承担否定紧急避险和受挑衅的责任。一些州要求被告人承担可宽恕事由——受胁迫、醉态和精神病的说服责任。一些州要求被告人承担事实错误（mistake of fact）和被害人同意（victim's consent）的说服责任。正当化事由与可宽恕事由两者由不同的诉讼双方承担说服责任，其理由就在于正当化事由比可宽恕事由更易让人接受。不过这种区分在后来慢慢地消失了，因为在一些司法区可宽恕事由被认为否定了犯意，故应当由政府承担否定该事由的责任。❶

三、美国犯罪成立要件与证明责任之间的关系

（一）犯罪成立实体要件是刑事证明责任分配的关键内容

证明对象是指证明主体在诉讼中需要运用证据证明的事实；证明责任主要是说明某一事实由哪一方当事人证明其真实性。这就决定了证明对象与证明责任具有紧密的联系。可以说，证明责任的分配是诉讼当事人对证明对象证明责任的分配。不同的证明对象可能由不同的当事人承担证明

---

❶ John Quigley, "The Need to Abolish Defenses to Crime: a Modest Proposal to Solve the Problem of Burden of Persuasion", 14 *Vt. L. Rev.* 335, 337 - 338 (1990).

责任。

犯罪成立有实体法的要求也有程序法的要求，所以要证明犯罪的成立，不仅要证明实体法事实，还要证明程序法事实。从整个刑事诉讼过程看，作为证明对象的刑事实体法事实主要包括犯罪成立事实和量刑事实，刑事诉讼中诉讼双方就应当按照一定的规则对这两部分事实加以证明。从刑事实体法的观念看，犯罪成立事实和量刑事实虽然都十分重要，但犯罪成立事实更具基础性。这是因为，犯罪成立是量刑的前提，如果行为不构成犯罪，自然不存在量刑的问题；而且，犯罪成立后罪名的确定对于与之对应的刑罚的运用具有决定性意义。

以美国纽约州强奸罪的定罪量刑为例，《纽约州刑法典》根据被告人和被害人的年龄以及使用暴力等不同情节，把强奸罪分为三级。一级强奸，包括使用暴力强迫的，被害妇女因失去知觉或因其他原因在生理上没有能力表示同意与否的，被害妇女年龄不满 11 周岁的。二级强奸，指 18 周岁以上男子同不满 14 周岁的妇女性交。三级强奸，指 21 周岁以上男子同不满 17 周岁的妇女性交的，或同由于并非达到法定承诺年龄（17 周岁）的其他原因而没有心理能力表示同意与否的妇女性交的。❶ 从定罪的角度看，陪审团要考虑的事实包括强奸行为与强奸的心态。只要行为人本着强奸的意图、违背妇女的意志与该妇女发生了性行为，被告人若不提出无罪辩护或辩护不成立，陪审团就应裁定被告人的行为成立强奸罪。陪审团认定被告人的行为成立强奸罪是分辨行为构成几级强奸的前提。控诉方在诉讼过程中，首要任务是尽力证明被告人的行为已经构成强奸罪，其次才是证明其行为构成强奸罪的级别。

（二）犯罪成立实体要件的结构决定了证明责任的分配

如前所述，在美国犯罪成立理论中，犯罪成立首先必须有犯罪行为与犯罪心态，犯罪表面成立要件是刑事责任的基础。如果能够证明犯罪表面成立要件存在则可以推定被告人具有刑事责任的基础。如果被告人对该推

---

❶ 储槐植：《美国刑法》（第三版），北京大学出版社 2005 年版，第 173 页。

定不进行抗辩, 陪审团即可裁定犯罪成立。辩护事由的不成立是美国犯罪成立的实质要件。如果被告人基于正当防卫、紧急避险等事由进行辩护, 且该辩护事由成立, 则排除了行为的犯罪性, 即使存在犯罪的表面成立要件也不能裁定行为成立犯罪。

正是犯罪成立表面要件与实质要件的存在, 决定了美国犯罪成立证明责任分配的基本原则: 控诉方对犯罪的表面成立要件承担证明责任, 即要求控诉方提出证据并说服陪审团危害行为和心态的存在; 在控诉方证明存在犯罪的表面成立要件后, 由于犯罪表面成立要件的推定机能, 控诉方无需证明犯罪成立实质要件的不存在 (即无需凭空对被告人可能提出的辩护事由一一加以排除); 这时, 提出辩护主张和基于该主张提出相关证据的责任就转移到了被告人一方; 被告人完成该证据责任后, 法官基于证据判断是否将其主张作为争议问题提交陪审团裁决, 若提交陪审团裁决, 则通常由控诉方举证说服陪审团该辩护事由不存在、辩护主张不成立。

(三) 证明责任的分配实现了犯罪成立实体要件的机能

在美国犯罪成立实体要件中, 有入罪要件与出罪要件。其中犯罪行为与犯意是入罪要件, 即犯罪的成立要求犯罪行为与犯意同时存在[1]。辩护事由则为出罪要件, 即因特定事由的存在使实施了危害行为的人得以开脱罪责。出罪要件与入罪要件分别具有不同的机能。出罪要件侧重体现国家意志, 表现为公诉机关的权力, 确立行为规范, 发挥刑法的维护社会秩序和保卫社会的功能。而出罪要件侧重于体现公民权利, 发挥刑法的保障人权的功能, 制约国家权力。[2]

在刑事司法实践中, 虽然行为是否构成犯罪最终是由法官判定 (陪审团审判中是由事实裁定者的陪审团和法律裁定者的法官共同作出判定), 但证明犯罪是否成立则是控诉方的责任。控诉方是站在国家的立场指控并证明犯罪。在美国刑事诉讼中, 控诉方通常要将犯罪行为和犯意证明到排

---

[1] Phillip E. Johnson, *Criminal Law* (5th edition), West Publishing Co., 1995, p. 1.

[2] 储槐植:《美国刑法》(第三版), 北京大学出版社 2005 年版, 第 36 页。

除合理怀疑的程度。控诉方证明到这一程度后，陪审团或法官就要判定行为构成犯罪，以便惩罚犯罪人，维护国家的利益。控诉方没有将行为和犯意证明到排除合理怀疑的程度，裁判者不得认定行为构成犯罪，以确保行为人的权益不被无辜剥夺或限制。由于控诉者通常是站在国家的立场追诉犯罪，因此，为了强化行为人权益的保护，美国刑事诉讼中赋予了行为人广泛的辩护权，该权利的行使对于保护被告人的权益起到了至关重要的作用。不过，考虑到证据为被告人所掌握、控诉方无法对某事项举证时，有必要将证明责任转移给被告人，否则将出现罪犯逃脱惩罚而有损国家利益的后果。

美国刑法中的严格责任犯罪及其理论与启示

摘　要： 在严格责任犯罪中，行为人对行为的一个或多个要素缺乏犯意时亦成立犯罪。该类犯罪的存在与美国普通法中报应主义和功利主义观念并不完全契合，它虽然可以提高司法效率但也可能损害司法公正，还可能违反联邦宪法的规定，因此该类犯罪在美国刑法学者中颇具争议。为解决严格责任犯罪引发的各种问题，许多学者对严格责任犯罪立法提出了替代、限制或改造的方案。这些方案对于我们正确对待严格责任犯罪具有启示意义。

关键词： 美国刑法；严格责任；公众福利犯罪

严格责任犯罪大规模出现在美国刑法中始于 19 世纪中期，当时美国工业革命引发了社会变革，一些危害公众福利的行为大量出现，❶立法者为应对这些危害行为在刑法中推行严格责任。❷在 20 世纪 90 年代，我国刑法学

---

❶　美国刑法中严格责任犯罪并非只存在于公众福利犯罪中。例如，一般认为法定强奸（Statutory Rape）也是严格责任犯罪。在美国大多数州，一个男性与一个未达法定年龄的女性自愿发生性行为，即使他无过错地相信与其发生性关系的女性达到了足以做出性交决定的年龄，也成立强奸罪。Joshua Dressler, *Understanding Criminal Law* (5th ed), New York：Matthew Bender & Company, Inc. , 2009, p. 147.

❷　一般认为，从犯罪成立要素上看，如果行为人对行为的一个或多个要素缺乏犯意时亦成立犯罪，那么它就是严格责任犯罪。但也有学者从法院定罪的角度理解严格责任，强调定罪不能建立在对行为人可能存在罪过的纯粹推测的基础上，如果法院纯粹推测，那么它就在有犯意要素的犯罪中适用了严格责任。Jennifer M. Michlitsch, State v. Fischer, Unknown Possession Transforms into a Strict Liability Crime, 62 *S. D. L. Rev.* 513, 536 (2017).

界开始介绍英美刑法中的严格责任犯罪及其理论。一些学者认为我国刑法中也有严格责任犯罪,❶一些学者认为我国刑法中没有严格责任犯罪,也无需在刑法中引入严格责任犯罪,❷ 还有一些学者主张从英美刑法中引入严格责任犯罪理论。❸ 那么,美国刑法中的严格责任犯罪到底是一种什么犯罪? 刑法学者对严格责任犯罪是一种什么样的态度? 他们之间存在什么争议? 这些争议如何解决? 笔者试图对此作粗略探讨,并从中得到一些有益的启示。

一、美国刑法中严格责任犯罪概念辨析

在美国刑法中,严格责任犯罪通常与两个词相关,即 strict – liability offense 和 strict – liability crime。论及犯罪,美国刑法学中又常涉及 crime、offense 和 criminal offense。此三个词是同义词,通常可以互换使用,但三者仍有区别。offense 包括各种犯罪和违法行为,含义比另两个词广;在特定情形下,它可以是 felony(重罪)和 misdemeanor(轻罪)的同义词。因此,strict – liability offense 和 strict – liability crime 在美国刑法学中有时区别并不十分严格,甚至相互替换使用。当然,两者之间还是存在差异。strict – liability offense 实际上是适用严格责任的违法行为,它无需证明心理状态只需其行为就足以认定行为人行为违法❹;这种违法行为中,即使行为人无违法意图、对法律无认识或对法律禁止什么不了解而又不存在任何过失的情况下亦可构成违法。从实体方面看,它忽视行为人意识和意图的任何争议问题,不考虑其道德过错;从程序上看,它使指控变得极为容易。❺ 例如,驾驶机动车时超速是一种常见的严格责任违法行为。strict –

---

❶ 李文燕、邓子滨:《论我国刑法中的严格责任》,《中国法学》1999 年第 5 期。

❷ 陈兴良:《刑法哲学》(第五版),中国人民大学出版社 2015 年版,第 247 页。

❸ 刘仁文:《刑法中的严格责任研究》,《比较法研究》2001 年第 1 期。

❹ *Black's Law Dictionary*, St. Paul: Thomson Reuters. 2009, pp. 1187 – 1188.

❺ Paul J. Larkin, "Jr. Strict Liability Offenses, Incarceration, and the Cruel and Unusual Punishments Clause", 37 *Harv. J. L. & Pub. Pol'y* 1065, 1067 – 1068 (2014).

liability crime 仅指严格责任犯罪，是一种无犯意要素的犯罪❶。所以，从两者的外延上看，strict - liability offense 比 strict - liability crime 外延要广。这主要是因为 offense 和 crime 两词上的差异所致。

在理解严格责任犯罪时，还要区分 strict - liability crime 与 strict - liability doctrine。后者是指严格责任理论或刑事责任规则，这种理论或规则允许对道德上无过错的违反法律的行为定罪，即使这种犯罪从定义上看有犯意的要求。例如，某人因对法律疏忽或误解而违反了刑法，亦将受到刑罚的惩罚（如法律认识错误）❷。如前所述，strict - liability crime 是严格责任犯罪。

那么什么是严格责任犯罪呢？有学者指出："'严格责任犯罪'的确切含义并不明确，它们通常被视为这样的犯罪：其责任的认定中不考虑被告人的明知或故意，也就是说这种犯罪没有犯意的要求。"❸ 但更多的人认为，严格责任犯罪通常也要求过错❹，只不过不是行为人对每一个犯罪事实要素都存在犯意。因此，"严格责任犯罪是犯罪行为的一个或多个要素缺乏犯意时亦成立的犯罪"❺，"严格责任犯罪是这样一种犯罪，被告人的心理状态与犯罪的部分或全部无关，只要求控方表明被告人实施了自愿的行为或没有实施他能实施的行为。'严格责任'这个词包括两种情况：对犯意总体上没有要求的犯罪和对犯罪的某一个特定要素没有犯意要求的犯罪。例如，法定强奸（statutory rape）就属于后者，该罪的成立要求控方证明被告人对性行为本身存在某种心理状态，但不要求证明被告人知道或

---

❶ *Black's Law Dictionary*, St. Paul: Thomson Reuters, 2009, p. 429.

❷ 严格责任犯罪中，被告人不能就犯意进行辩护，但这并不意味着严格责任犯罪不存在辩护，例如"第三方的行为"就是一个辩护事由，被告人可以表明所禁止的行为或结果是第三方的故意行为或过失行为所致。

❸ Laurie L. Levenson, "Good Faith Defenses Reshaping Strict Liability Crimes", 78 *Cornell L. Rev.* 401, 417 (1993).

❹ Richard Wasserstrom, "Strict Liability in the Criminal Law", 12 *Stan. L. Rev.*, 731, 743 (1960).

❺ Joshua Dressler, *Understanding Criminal Law* (5th ed), New York: Matthew Bender & Company Inc., 2009, p. 145.

应当知道被害人为未成年人"❶。在严格责任犯罪中，尽管某罪的成立可能对某一个特定的要素不要求有犯意，但这样的犯罪通常并非对每一个犯罪要素都实行严格责任，也就是说犯罪中的大多数犯罪要素还是要有可罚性心理状态。❷ 司法实践中确实也是如此。例如在 United States v. Freed❸ 案中，被告人 Freed 因持有未经登记的手雷而被指控违反美国《国家枪支法》。该法规定任何人接受、持有未在国家枪支登记和交易记录中登记的枪支均违法。联邦最高法院布伦南（Brennan）法官认为，该法的这一规定包括三个实质要素：（1）上诉人持有某物品；（2）这个物品是手雷；（3）这个手雷没有登记。本案中，上诉人对持有手雷是明知的甚至是故意的，上诉人也知道其持有的是手雷，上诉人当然对该两个要素存有故意或明知。联邦最高法院一致性地认为严格责任适用于上述第三个要素。

此外，strict liability 与 absolute liability 经常交替使用，有时并不作区分，因为许多人认为严格责任就是绝对责任。例如，美国模范刑法典（Model Penal Code）第2.05条中使用的是 absolute liability，但学者们解读时都认为它是在规定严格责任问题。但在法律概念上，严格责任与绝对责任并不是没有区别。有学者对此作了较好的概括：如果某法律排除诸如"我本不准备如何""我原不知道""我本来很小心"这些理由，那么其主张的就是严格责任；如果某法律排除诸如"我没有做那些，但它发生了""他人违背我的意志挪动了我的手""任何人都无法防止其发生"这些理由，那么其主张的就是绝对责任。有学者说：严格责任去掉的是犯罪心态的要求，绝对责任去掉的是犯罪行为的要求。❶

---

❶ W. Robert Thomas, "On Strict Liability Crimes: Preserving a Moral Framework for Criminal Intent in an Intent – Free Moral World", 110 *Mich. L. Rev.* 647, 650 (2012).

❷ Alan C. Michaels, "Constitutional Innocence", 112 *Harv. L. Rev.* 828, 840 (1999).

❸ 401 U. S. 601 (1971).

❶ Michael Davis, "Strict Liability: Deserved Punishment for Faultless Conduct", 33 *Wayne L. Rev.* 1363, 1365 – 1366 (1987).

二、美国刑法中严格责任犯罪及其理论的源起与发展

在美国刑法领域中，传统刑法理论与实践都要求犯罪行为与犯意必须同时具备才能构成犯罪。无犯意即无犯罪（Actus Non Facit Reum Nisi Mens Sit Rea）是英美刑法中的一个传统原则。"犯罪，作为一个复合概念，只有一颗恶意的心和一只作恶的手同时存在时才能成立……这深植于早期的美国法律土壤之中。"[❶] "在英美刑法学的原则中，犯意是原则而不是例外。"[❷] "意图对于法律而言并不是什么新奇的东西。当事人不能因为其行为超过了其自己的控制而被惩罚，这是一个在所有法律中都被广为接受的观念——或者，至少在普通法和刑法史上如此——这根植于西方自由意识的概念中。"[❸] 美国刑法领域中的一个根本性的关键和深深根植于美国联邦最高法院的判决和美国文化中的一个词就是拉丁词"犯意"（mens rea），或称为"犯罪心态"（guilty mind）[❹]。美国联邦最高法院在 Morisseette v. United States[❺] 案中明确要求行为构成犯罪必须在行为的后面存在"恶意"。

刑事法要求在惩罚犯罪时控方必须证明行为人是基于违法的意图或有违法的意识。[❻] 这是因为犯意表明了行为人的主观恶性。正如奥利弗·温德尔·霍姆斯的名言所说的：即使一条狗也能区别是被绊倒了还是被踢了一脚。[❼] "虽然侵权行为法也处理导致他人身体伤害的行为，而且从历史上

---

❶ Morisseette v. United States, 342 U. S. 246, 251 (1952).

❷ Dennis v. United States, 341 U. S. 494, 500 (1951).

❸ W. Robert Thomas, "On Strict Liability Crimes: Preserving a Moral Framework for Criminal Intent in an Intent - Free Moral World", 110 *Mich. L. Rev.* 647, 653 (2012).

❹ Rachel A. Lyons, "Florida's Disregard of Due Process Rights for Nearly a Decade: Treating Drug Possession as a Strict Liability Crime", 24 *St. Thomas L. Rev.* 350, 353 (2012).

❺ 342 U. S. 246, 251 (1952).

❻ 在 In re Winship［397 U. S. 358 (1970)］案中美国联邦最高法院明确要求控诉方承担证明被告人有罪的责任。在该案中美国联邦最高法院认为，根据正当程序条款的要求，控诉方应当将成立指控犯罪所需的所有事实（包括行为与犯意）证明到排除合理怀疑的程度。

❼ Joshua Dressler, *Understanding Criminal Law* (5th ed), New York: Matthew Bender & Company Inc. , 2009, p. 120.

看，刑法与侵权行为法中的诉求也在同一程序中混在一起，但两种法律制度完全不同。侵权行为法的主要目标在于赔偿无辜的原告，刑法却有不同的目标，但无论是功利理论还是报应理论，无论是矫正主义还是监禁主义，都与犯意密不可分。"● 在刑法中，构成犯罪必须存在犯意的这一要求从几个方面来看都是正当的：如果将定罪作为一种预防手段，那么只有惩罚故意的违法者才合理；同样，如果定罪有谴责的功能，那么法律也应当要求行为人行为时有过错的心态。●

但犯罪成立必须有犯意这一要素只是原则，并非绝对的准则。正如Herber Packer 教授所说："犯意是一个重要的要求，但它不是一个宪法性的要求，特定情况除外。"● 实际上自 13 世纪以来，在英国普通法中就出现了一种道德性的犯罪——法定强奸●，该罪被视为一种被告人对被害人年龄上无需犯意的犯罪。● 该罪成立的相关规则后来为美国普通法所继承。另外，一般都认为在 19 世纪以前的普通法中就已经存在的重罪谋杀●（felony – murder）也是对某些构罪事实无需犯意的犯罪。●

但对犯罪成立必须有犯意这一要素的原则进行大规模变更是始于 19 世

● Richard G. Singer, John Q. La Fond, *Criminal Law* (4th ed), New York：Aspen Publishers, 2007, pp. 54 – 55.

● Jonathan Herring, Marise Cremona, *Criminal Law* (2nd ed), London：Macmillan Press LTD, 1998, p. 42.

● Herber L. Packer, "Mens Rea and the Supreme Court", *Sup. Ct. Rev.* 107, 107 (1962).

● 在法定强奸罪的指控中，控方只需证明与未达到法定年龄的人进行性交行为，无需证明犯意，因此被告人也不能提出年龄错误的关于犯意的积极辩护。Catherine L. Carpenter, Constitutionality of Strict Liability in Sex Offender Registration Laws, 86 B. U. L. Rev. 295, 317 – 318 (2006). 在美国大多数州，控方不承担证明被告人知道或应当知道被害人达不到法定年龄的事实，因此就排除了被告人提出对年龄认识错误的积极辩护以反驳自己构成犯罪。Catherine L. Carpenter, "On Statutory Rape, Strict Liability, and the Public Welfare Offense Model", 53 *Am. U. L. Rev.* 313, 317 (2003).

● Michelle Oberman, "Girls in the Master's House：Of Protection, Patriarchy and the Potential for Using the Master' Tools to Reconfigure Statutory Rape Law", 50 *Depaul. L. Rev.* 799, 800 – 804 (2001).

● Felony murder rule 是普通法的一个法律原理：当某人在实施危险行为或列举的犯罪（在一些司法区是重罪）时实施了杀人行为，无论其是否有杀人的故意，都构成谋杀罪。它扩大了谋杀罪的范围。

● Alan C. Michaels, "Constitutional Innocence", 112 *Harv. L. Rev.* 828, 838 (1999).

纪中期，因为此时原本在侵权行为法中推行的严格责任理论与实践开始大规模向刑法领域渗透。"自 19 世纪中期开始，法院开始改变他们将明知（scienter）作为限制刑罚触角重要手段的观点，转而赞成严格责任的适用，至少在相对轻微的犯罪上是这样的。"❶ "在 19 世纪中期以前，如果没有犯意的证据，就不能对被告人定罪。但在所谓'公众福利犯罪'（public - welfare offense❷）中这一个被普遍接受的规则有了例外。在这类犯罪中，犯意证据的通常要求被免除了，适用的是严格责任。"❸

在美国和英国，严格责任犯罪发源于大致相同的时间。但两者之间是独立发展，并没有多少联系。1846 年一个英国烟草销售商因持有掺杂的烟草而被定罪，尽管他对产品的不纯并不知情。1849 年，美国康涅狄格州一个法院在 Barnes v. State❶ 案中推翻了酒馆经营者向一个众所周知的酒鬼出售酒而作出的有罪判决，但法院清晰地表明被告人知道购酒者是众所周知的酒鬼并不是支持有罪判决所必需的。

为什么美国刑法中的严格责任犯罪是在 19 世纪中期开始在公众福利犯罪大量存在呢？这是因为 19 世纪中期，美国处于第一次工业革命中，经济以较快的速度发展，工业革命也给社会带来了巨大的变化，机械化生产规模化，城市交通发展起来，城市人口大量增加，一些危害公众福利的行为大量出现。"在工业革命时期，为给予影响公共健康、福利、安全的特定工业、贸易、财产或行为相关的那些人施加更严格的责任，公众福利犯罪

---

❶ Richard G. Singer, John Q. La Fond, *Criminal Law* (4th ed), New York: Aspen Publishers, 2007, pp. 54 – 55.

❷ Francis Sayre 首先使用了 "public welfare offense" 这一概念，See Francis Sayre, "Public Welfare Offenses", 33 *Colum. L. Rev.* 55, 55 (1933).

❸ Johnson, Claire D., "Strict Liability Crimes", 33 *Neb. L. Rev.* 462, 462 (1954).

❶ 19 Conn. 398 (1849). 一些学者将其称为美国刑法中第一个严格责任的判决。Perkins, "Ignorance and Mistake in the Criminal Law", 88 *U. Pa. L. Rev.*, 35 (1939); Michael Davis, "Strict Liability: Deserved Punishment for Faultless Conduct", 33 *Wayne L. Rev.* 1363, 1366 (1987). 但也有学者认为本案不是严格责任案，而是一个替代责任 (vicarious liability) 案。Richard G. Singer, "The Resurgence of Mens Rea_III—The Rise and Fall of Strict Criminal Liability", 30 *B. C. L. Rev.* 337, 364 (1989). 许多学者认为，Regina v. Prince [13 Cox Crim. Cas. 138 (1875)] 案是朝严格责任发展的一个重点的案例。Alan C. Michaels, "Constitutional Innocence", 112 *Harv. L. Rev.* 828, 839 (1999).

就产生了。"❶ "在新发现能源的驱动下，机械生产日益复杂和强大，工业革命大大增加了面临伤害的工人数量，这就对雇主提出了更高的注意要求。如果汽车的所有人和驾驶人不遵守新的规范和统一化的行为，汽车的车速、排量、闻所未闻的种类将使行人承受无法忍受的交通事故危险。当食品、饮料、药品的配送者不遵守合理的质量标准、披露标准和注意标准时，商品的广泛配送就成了危害广泛配送的手段。诸如此类的危险日益导致大量详细规范的出现，以提高特定工业、商业、财产所有者或行动者的义务，因为他们在影响公众健康、安全或福利中处于控制地位。"❷ 20 世纪监管立法的爆炸式增长意味着受监管领域中犯罪数量同时爆发性增加。关于健康、安全、保护、财政、环境保护的每一部法律都同时规定了对违反行为的制裁。❸ 违反这些法律的规定，危及公众安全、健康、福利的行为就是公众福利犯罪。❹ 这是立法上的变化，实际上司法实践中法院对犯意在犯罪成立中的要素作用的观念在当时也发生了变化。"19 世纪中期，法院开始改变其关于故意是限制刑罚触角的重要工具的观念，转而赞同严格责任的适用，至少对相对轻微的罪是如此。"❺

公众福利犯罪是一种轻微的犯罪，它不涉及道德过错，立法者只是为了公众的利益、实现行为的高效管理而禁止这种行为。❻ "公众福利犯罪本质上并不是积极的侵犯，而是忽视法律的要求或没有履行法律赋予的义务。这些犯罪多数情况下并不直接或立即对个人人身或财产造成伤害，而

---

❶ Catherine L. Carpenter, "On Statutory Rape, Strict Liability, and the Public Welfare Offense Model", 53 *Am. U. L. Rev.* 313, 323 (2003).

❷ Morissette v. United States, 342 U. S. 246, 254 (1952).

❸ Lawrence M. Friedman, *Crime and Punishment in American History*, New York: BasicBooks, 1993, pp. 282 – 283.

❹ 工业革命后出现的社会变化自然是法律制度变化的原因，但社会观念的变化也不可忽视。就严格责任在刑法中的出现而言，有学者就从社会观念的角度进行了分析，即这一运动与社会开始远离个人主义而朝一种新的重要的集体利益主义（Collective Interests）发展趋势同时发生。Francis Bowes Sayre, "Public Welfare Offenses", 33 *COLUM. L. REV.* 55, 67 (1933).

❺ Paul J. Larkin, Jr., "Strict Liability Offenses, Incarceration, and the Cruel and Unusual Punishments Clause", 37 *Harv. J. L. & Pub. Pol'y* 1065, 1077 (2014).

❻ *Black's Law Dictionary*, St. Paul: Thomson Reuters, 2009, p. 1188.

仅仅是形成法律力图最小化的危险或危险的可能性。"❶ 公众福利犯罪都具有以下特点：（1）它们规制的是危险或有害的装置、产品或令人反感的废弃物；（2）它们强化了影响公众健康、安全或福利的特定工业、贸易、财物所有者或行为者的管控责任；（3）它们的成立只需有禁止的作为或不作为，而无需心理要素。❷ 传统的公众福利犯罪包括：（1）酒精饮料的非法销售和运输；（2）掺杂、掺假食品的销售；（3）假冒商标商品的销售；（4）违反禁精神药品规定的行为；（5）刑事滋扰行为；（6）违反交通法规的行为；（7）违反机动车辆法规的行为；（8）违反为社区安全、健康和福利的其他警察规范的行为。❸ "然而随着现代社会的发展和法规的增加，公众福利犯罪的种类和数量也增加到一个程度，以致立法者对无数犯罪都取消了犯意要素的要求。"❹ 今天，严格责任犯罪不仅仅存在于违反联邦立法、州立法或城市条例的行为中，而且存在于违反行政法规的行为中。❺

为什么要对公众福利犯罪适用严格责任呢？有学者认为，对诸如交通肇事、食品和酒类销售等公众福利犯罪适用严格责任是为了帮助在蓬勃发展的城市中针对不断增长的刑事指控而减少其指控的障碍。在谴责时必须同时具备危害行为和犯意，这不适应于都市生活中出现的大量轻微犯罪。❻ 还有学者认为，严格责任理论适用于公众福利犯罪主要有以下几个方面的理由：一是，这个理论用于这些犯罪，因为它将危害行为的风险转移给了那些最能防止灾祸的人；二是，该理论用于这些犯罪，能确保对特定、高危险的行为作一致的处理；三是，严格责任理论减轻了控方在难以处理案件中承担的证明犯意的责任；四是，尽管在特定案件中这种推定是不正确

---

❶ Morisseette v. United States, 342 U. S. 246, 251 (1952).

❷ Russell L. Weaver, John M. Burkoff, *Catherine Hancock*, *Criminal Law*, St. Paul: West, 2011, p. 98.

❸ Francis Sayre, "Public Welfare Offenses", 33 *Colum. L. Rev.* 55, 73 (1933).

❹ Catherine L. Carpenter, "On Statutory Rape, Strict Liability, and the Public Welfare Offense Model", 53 *Am. U. L. Rev.* 313, 327–328 (2003).

❺ Paul J. Larkin, "Jr. Strict Liability Offenses, Incarceration, and the Cruel and Unusual Punishments Clause", 37 *Harv. J. L. & Pub. Pol'y* 1076 (2014).

❻ Francis B. Sayre, "Public Welfare Offense", 33 *Colum. L. Rev.* 55, 61–70 (1933).

的，但立法者认为这种风险与社会需要的保护和一些案件中指控的效率相比，后者更重要；五是，严格责任理论有吸引力，因为它是立法机构代表公众对某种行为无法忍受的有力表达。❶ 公众福利犯罪模式下，其适用严格责任的合法性在于以下四个指标之间的动态平衡：（1）实施作为严格责任规定的行为时，行为人承担违法处置的危险性；（2）在社区中具有保护公共和社会利益的重要性；（3）该罪配置的法定刑相对较轻；（4）贴上此罪的标签无关紧要。❷

三、美国刑法中严格责任犯罪的分类

学者们基于不同标准对于严格责任犯罪进行了多种分类。有学者认为："从历史上看，严格责任理论被限制为两种犯罪：（1）公众福利犯罪；（2）道德犯罪。"❸ 这种分类的标准是犯罪的特性，因为许多学者认为，严格责任犯罪中行为人对其行为的危害性或违法性并无认识，根本不存在道德过错的问题，它们与普通法中的表现出行为人主观恶性的杀人、伤害、偷盗等犯罪完全不同。

有学者区分了两种不同类型的严格责任立法：一些严重犯罪配置了重刑，一些轻罪配置了轻刑。❹ 这实际上是从配置的法定刑轻重的角度将严格责任犯罪分为两类：配置了重刑的严格责任犯罪和配置了轻刑的公众福利犯罪。将配置了重刑的法定强奸、重罪谋杀等作为严格责任犯罪来对

---

❶ Laurie L. Levenson, "Good Faith Defenses Reshaping Strict Liability Crimes", 78 *Cornell L. Rev.* 401, 419 – 422 (1993).

❷ Catherine L. Carpenter, "The Constitutionality of Strict Liability in Sex Offender Registration Laws", 86 *B. U. L. Rev.* 295, 319 (2006).

❸ Alan Saltzman, "Strict Liability and the United States Constitution: Substantive Criminal Law Due Process", 24 *Wayne L. Rev.* 1571, 1573 (1978). Laurie L. Levenson, Good Faith Defenses Reshaping Strict Liability Crimes, 78 *Cornell L. Rev.* 401, 418 (1993).

❹ H. Gross, *A Theory of Criminal Justice*, New York: Oxford University Press, 1979, p. 373.

待，这在美国刑法学界争议不大❶。正如有学者所言："法定强奸作为严格责任犯罪的现代认可来自两个明确的方面：一是立法权的运用取消了犯意要素；二是联邦最高法院在 Morissette v. United States❷ 中作出的里程碑式的权威判决。"❸ "从犯意的构罪要素观点看，公众福利犯罪和诸如重罪谋杀或法定强奸都是严格责任犯罪，因为不管行为人对犯罪成立的实质要件是持什么心理状态都会被裁定有罪。"❹ "到 20 世纪 80 年代，严格责任在美国成文法中已经很普遍，它主要涉及：酒、掺杂食品、药品、假冒商标商品的销售行为，影响公共社区安全、健康或大众福利的行为，重罪谋杀、重婚、法定强奸和非法持有毒品的严重犯罪行为，车辆驾驶中违反交通规则的行为。"❺ 这些学者就明确将重罪谋杀、重婚、法定强奸等配置了重刑的犯罪视为严格责任犯罪。

但学界对于配置了重刑的严重犯罪和配置了轻刑的轻罪之间的关系则争议较大。正如有学者所说："关于法定强奸是否应当归属于公众福利犯罪，争议极大。"❻ 从争议来看，大多数学者认为配置了重刑的严重犯罪不属于公众福利犯罪。

---

❶ 但这并不是说没有争议。例如，有学者说："从可罚性（道德上可谴责的心理态度）的角度看，一些被认为是适用严格责任的犯罪根本不是严格责任犯罪，因为这些犯罪要求有心态上的道德可责性。例如在重罪谋杀的案件中，在故意因素中就能发现可罚性。"这实际上就将重罪谋杀从严格责任犯罪中排除了。Alan C. Michaels, "Constitutional Innocence", 112 *Harv. L. Rev.* 828, 839 (1999). 还有学者直言："严格责任犯罪与诸如法定强奸或重罪谋杀不相关。" Claire D. Johnson, "Strict Liability Crimes", 33 *Neb. L. Rev.* 462, 462 (1954). 从学者的统计看，美国刑事立法和司法实践中，大多数的州将法定强奸作为严格责任犯罪。30 个司法区（包括哥伦比亚特区）将法定强奸作为严格责任犯罪，不允许年龄错误辩护；18 个州运用严格责任，但当被害人的年龄与法定可以表达同意的年龄接近时，同时又提供有限的年龄错误辩护；3 个州允许善意年龄错误的辩护。Catherine L. Carpenter, "Constitutionality of Strict Liability in Sex Offender Registration Laws", 86 *B. U. L. Rev.* 295, 317 (2006).

❷ 342 U. S. 246, 251 (1952).

❸ Catherine L. Carpenter, "Constitutionality of Strict Liability in Sex Offender Registration Laws", 86 *B. U. L. Rev.* 295, 319 (2006).

❹ Alan C. Michaels, "Constitutional Innocence", 112 *Harv. L. Rev.* 828, 840 (1999).

❺ Michael Davis, "Strict Liability: Deserved Punishment for Faultless Conduct", 33 *Wayne L. Rev.* 1363, 1366 (1987).

❻ Catherine L. Carpenter, "On Statutory Rape, Strict Liability, and the Public Welfare Offense Model", 53 *Am. U. L. Rev.* 313, 315 (2003).

还有学者将严格责任犯罪分为公众福利犯罪（public – welfare offense）和非公众福利犯罪（non – public – welfare offense）。这一分类的标准在于犯罪是否危及公众福利。正如该学者所言：一些为数不多的非公众福利犯罪也具有严格责任的特征，因为它们并不要求被告人对一些犯罪要素有犯意。最常见的例子是法定强奸，即一个男性与一个达不到法定年龄的女性自愿发生性行为。在大多数州，这一犯罪都是作为严格责任犯罪而存在，因为立法并不要求被告人知道与其发生性关系的女性不到法定年龄，大多数法院在审理此类案件时也不会给陪审团这方面的指示。也就是说，即使一个男性无过错地相信与其发生性关系的女性年龄达到了足以作出性交决定的年龄，他也会被裁定强奸罪成立。❶ 该学者还认为，公众福利犯罪中严格责任犯罪通常配置的是很轻微的刑罚，而非公众福利犯罪中的严格责任犯罪则配置非常严厉的刑罚；非公众福利犯罪本质上就是恶（malum in se），尽管缺乏道德过错的证据，该类行为的实施者也应当受到谴责。❷

虽然上述分类中表面上看有三种，但仔细分析我们会发现，无论是公众福利犯罪与道德犯罪，还是配置了重刑的严格责任犯罪与配置了轻刑的严格责任犯罪，抑或是公众福利犯罪和非公众福利犯罪，最终的分类结果并无质的差异。

四、美国刑法学界关于刑法中严格责任犯罪的争议 *

严格责任犯罪在刑法中的出现引发了美国刑法学界的持续争论，支持者与反对者各执其词，针锋相对。他们的争议涉及问题的方方面面，但最激烈的争议集中在以下三个方面。

---

❶ Joshua Dressler, *Understanding Criminal Law* (5th ed), New York：Matthew Bender & Company, Inc. , 2009, p. 147.

❷ Joshua Dressler, *Understanding Criminal Law* (5th ed), New York：Matthew Bender & Company, Inc. , 2009, p. 148.

＊ 本部分以下发表于《环球法律评论》2018 年第 3 期。

（一）严格责任犯罪的设立与刑罚基本理念是否契合

在美国刑法中，报应主义和功利主义一直被视为刑罚正当化的两大根据。报应主义是回顾过去，其假定前提是任何人意志都是自由的，在面对合法行为与非法行为的选择时，行为人自由地选择了非法行为以致犯罪时，他就因此要为自己的行为负责，接受刑罚的惩罚。"在报应主义下，某人选择实施违反法律的行为，那么他应当受到惩罚。报应主义中刑罚只要求那些对行为有过错的人对其行为负责。"● 因此，在美国普通法中，道德过错的证据在刑事可罚性中通常是一个关键性因素。功利主义则是面向未来，着眼于犯罪的预防，即对行为人进行刑罚惩罚是为了防止他将来再犯罪或为了防止其他的人在将来实施与其相同的罪行。正如美国学者约书亚·哲斯勒（Joshua Dressler）所言："功利主义者普遍强调一般预防，即对一个人处以刑罚是为了说服一般社会成员将来远离犯罪行为。""特殊预防是另一个功利目标。在此，对某人刑罚的用意在于防止该人将来再犯罪。"● 那么严格责任理论与刑罚报应主义和功利主义是否契合呢？

一些人认为严格责任并不违背报应主义原理，相反是与之契合的。因为当一个人处于特定的社会地位、持有特定财产时，他就应当承担与此相关的责任；同样当行为人的行为可能危及公众福利、安全和健康时，就应当承担与此相关的责任。从实际情况来看，被制定法规定为严格责任犯罪的行为实施时，行为人并非是完全无辜的。例如，出售掺假的食品时行为人如果穷尽所有的注意义务，采取所有可能的预防措施，食品被掺假的情况可能会被发现，但他事实上没有发现这一情况，因而要承担责任。这种情况下，"严格责任是犯意的一个恰当的替代物，因为行为人并不是完全

● Laurie L. Levenson, "Good Faith Defenses Reshaping Strict Liability Crimes", 78 *Cornell L. Rev.* 401, 425 – 426（1993）.

● Joshua Dressler, *Understanding Criminal Law*（5th ed），New York：Matthew Bender & Company, Inc.，2009，p. 15.

无可指责"。❶ 但反对者认为，严格责任犯罪中，被告人并不是内心决定违反社会的人，而是因为他们被误导或认识错误实施了该行为。因此根据传统的报应理论，这样的被告人并不该当受到惩罚。"在严格责任中，无论被告人曾经如何小心或道德上无罪过他都会被认定为有罪。"❷ 反对严格责任的人认为不考虑行为人的心理态度而惩罚行为人是不公正的，因为行为人道德上没有过错却被刑事定罪。

就严格责任犯罪与刑罚功利主义的关系而言，有学者直言："功利主义者赞同严格责任一点也不奇怪。"❸ 因为，普遍认为如果某行为是为严格责任立法所规制，那么实施该种行为的人会更小心，以防自己被定罪。而且在现代工业社会中，一些企业从事商业活动本身具有危险性或存在潜在的危害。这些企业比公众更易于认识到危害并有能力防止可能产生的危害，因此将防止损害发生的责任置于它们身上而不是公众身上更为合理。❹ 但反对者认为严格责任理论的正当性与功利主义刑罚理论不相符。在功利主义理论下，如果刑罚预防了犯罪人再次实施非法行为，刑罚是正当的；如果惩罚那些实施禁止行为的人能预防其他人实施同样的行为，刑罚也是正当的。但"一个人根本不知道他所行的是非法行为，不可能预防他再实施这一行为。如果某人直到有害行为实施完毕他都不知道他正实施的行为是错误的，他没有理由改变他的行为"❺。有学者认为不考虑行为人的心理态度而惩罚行为人是无效的，也无法防止他或其他人在未来实施同样的行为。❻ 而且即使严格责任犯罪刑事立法有预防犯罪的作用，它也可能会起

❶ Catherine L. Carpenter, "Constitutionality of Strict Liability in Sex Offender Registration Laws", 86 *B. U. L. Rev.* 295, 321 (2006).

❷ Richard G. Singer, "The Resurgence of Mens Rea_III—The Rise and Fall of Strict Criminal Liability", 30 *B. C. L. Rev.* 337, 356 (1989).

❸ Michael Davis, "Strict Liability: Deserved Punishment for Faultless Conduct", 33 *Wayne L. Rev.* 1363, 1368 (1987).

❹ Paul J. Jr. Larkin, "Strict Liability Offenses, Incarceration, and the Cruel and Unusual Punishments Clause", 37 *Harv. J. L. & Pub. Pol'y* 1065, 1082 (2014).

❺ Laurie L. Levenson, "Good Faith Defenses Reshaping Strict Liability Crimes", 78 *Cornell L. Rev.* 401, 425–427 (1993).

❻ Michael Bohan, "Complicity and Strict Liability: A Logical Inconsistency", 86 *U. Colo. L. Rev.* 631, 638 (2015).

到过度预防的作用。如果行为人可能因任何跨越某种界限的行为而受惩罚，那么行为人为了避免犯罪就不会实施可能导致犯罪但社会需要或欢迎的合法行为。

（二）严格责任犯罪的设立与办案效率

在美国普通法中，犯意是犯罪成立不可缺少的要素。按证明责任分配的原则，通常情况下控方要将被告人的犯意证明到排除合理怀疑的程度。[1] 在工业革命中，危害公众福利、健康和安全的行为大量出现，违反法律的行为数量大，如果要求控方证明包括纯粹过失在内的每种犯意要素，将会使刑事司法制度不堪重负，以致使其无法发挥应有的预防效果。

支持严格责任犯罪设立的学者们认为，如果没有严格责任的设立，控方要证明被告人的犯意，法院也不得不调查其犯意，会耗尽其精力，因为控方和法院每天不得不对付大量的轻微犯罪行为。相反，如果控方无需证明被告人行为或行为某一部分的可罚性心理状态，那么定罪就容易得多。[2] 严格刑事责任的适用免除了控方对被告人全部或部分犯意的证明责任，严格责任理论提供了高效率且近乎确保被告人定罪的途径。正如有学者所言："两个因素使严格责任在法定犯中激增成为必要：一是要求犯意的每一个特定的证据将使已经积案的现象更为严重；二是在许多制定法规定的危害行为中，犯罪心态是非常难以证明的。"[3] 例如，在工业迅速发展的过程中，环境污染问题日益突出。如果要求控方追寻污染损害复杂过程、证明行为人的过错，案件处理会非常棘手。而严格责任就可以解决这个问

---

[1] 赖早兴：《美国刑事诉讼中的"排除合理怀疑"》，《法律科学》2008 年第 5 期，第 161 页。

[2] 作为一个程序问题，严格责任犯罪使控方的指控明显容易得多。在诉讼中，确立犯罪的行为要素通常比证明相关的心理状态花的时间少得多。Paul J. Jr. Larkin, "Strict Liability Offenses, Incarceration, and the Cruel and Unusual Punishments Clause", 37 *Harv. J. L. & Pub. Pol'y* 1065, 1068 (2014).

[3] Catherine L. Carpenter, "On Statutory Rape, Strict Liability, and the Public Welfare Offense Model", 53 *Am. U. L. Rev.* 313, 324 (2003).

题，因为污染者有更多关于这一过程的信息。❶ "在某种程度上，对破坏环境承担责任已经从基于过错的责任追究转向严格责任。其原理在于：在环境案件中证明过错太困难。"❷ 因此，严格责任免除了控方证明行为人对某些构罪事实的故意、明知、疏忽或轻率的证明责任，确实提高了办案的效率，可以用有限的法律资源保护更多的公共利益。

但反对者认为，如果以此为出发点来设置严格责任犯罪，就会损害行为人的利益。"在严格责任犯罪中犯罪人不知道他违反了法律……这种立法中个人的正义被天平另一端的大众利益所超越了。"❸ 许多人认为，不能为了控制大量类似行为就在公众福利犯罪中采纳严格责任，以简化违法行为的调查和指控。许多司法判例认为，这些制定法并不是控制这些行为的最佳方式，因为它们的主要关注点是基于"控制的效率"。❹

（三）严格责任犯罪设立的合宪性问题

在美国刑法中，合宪性一直是要考虑的一个重要问题。改变犯罪成立的要素，将普通法中一直强调的犯意从犯罪成立要素中排除，是否符合宪法的规定呢？"大多数人不会反对民事领域（如侵权）里的严格责任，但一些法律人员和门外汉可能对刑法中的严格责任反应激烈。通常的直觉是不考虑犯意一定是不合宪的。被告人没有意识到他所做的事是错误的，反对者一般会基于正当程序条款来考虑其宪法基础问题。"❺ 绝大多数学者是从程序上质疑严格责任犯罪在制定法中确立的合宪性问题，但也有个别学者从实体法的角度对严格责任犯罪确立的合宪性提出质疑。如有学者认

---

❶ 尤其是近海作业的油气公司造成原油泄漏的环境污染时，实行严格责任就显得更为必要。Tamara Lotner Lev，"Liability for Environmental Damages from the Offshore Petroleum Industry：Strict Liability Justifications and the Judgment – Proof Problem"，43 *Ecology L. Q.* 483，485 – 487（2016）.

❷ David Weisbach，Negligence，"Strict Liability，and Responsibility for Climate Change"，97 *Iowa L. Rev.* 521，554 – 555（2012）.

❸ Ronald R. Jewell，"Strict Liability and Possession of Contraband：The Maryland Approach"，3 *U. Balt. L. Rev.* 112，113（1974）.

❹ Morissette v. United States，342 U. S. 246，254 – 256（1952）.

❺ Brian Kennan，"Evolutionary Biology and Strict Liability for Rape"，22 *Law & Psychol. Rev.* 131，168（1998）.

为：无过错就无犯罪，严格责任将监禁适用于一个没有犯罪的人身上，是残酷异常之刑，违反了宪法第八修正案。❶ 虽然美国联邦最高法院现在不认为监禁刑配置于严格责任犯罪是残酷异常之刑，但总有一天美国联邦最高法院会限制监禁刑用于严格责任犯罪。20 世纪前半世纪，美国联邦最高法院处理的几个案件中的被告人都质疑规定公众福利犯罪的某州或联邦法律的合宪性。❷ 如在 United States v. Balint、❸ United States v. Dotterweich❹ 等案件中，被告人都主张制定法违反了正当程序条款，因为它们没有要求控方证明他们是基于有罪的心态实施了行为，而这是犯罪成立的要素。我们通过几个经典案件来看看美国联邦最高法院对严格责任犯罪设立的态度。

United States v. Balint❺ 是联邦最高法院处理的第一个重要的严格责任刑事案件。本案中，被告人 Balint 被指控违反 1914 年美国《麻醉品法》。该法列举了一些麻醉药品，并且要求销售任何这些麻醉药品都必须在国内税务部门提供的表格中登记，并将表格保存两年。起诉书指控 Balint 销售了衍生的麻醉剂和古柯而没有在相应表格上登记。Balint 反驳指出起诉书没有指明他明知这些物品是《麻醉品法》上列举的物品。联邦最高法院认为违反《麻醉品法》而构成非法销售麻醉品犯罪无需销售者知道麻醉品的特性，这实际上采纳了严格责任的观点。

联邦最高法院审理的第二个具有较大影响的严格责任刑事案件是 United States v. Dotterweich❻ 案。本案中，被告人 Dotterweich 是一个药业公司的总裁和总经理。该公司收到药物制造商们的药品后，将其重新包装并贴上自己公司的商标，将其运到各州用于州际销售。Dotterweich 和公司都被指控在州际销售假冒商标和掺假的药品，违反美国 1938 年《食品、药

---

❶ Rollin M. Perkings，"Criminal liability Without Fault：A Disquieting Trend"，68 *Iowa L. Rev.* 1067，1081（1983）.

❷ Paul J. Jr. Larkin，"Strict Liability Offenses, Incarceration, and the Cruel and Unusual Punishments Clause"，37 *Harv. J. L. & Pub. Pol'y* 1065，1121，1077（2014）.

❸ 258 U. S. 250（1922）.

❹ 320 U. S. 277（1943）.

❺ 258 U. S. 250（1922）.

❻ 320 U. S. 277（1943）.

品和化妆品法》，构成轻罪。该法禁止将掺假和假冒商标的药物运到各州在州际销售，任何人违反这一规定，都将构成犯罪。本案中公司运送假冒的药品，而 Dotterweich 本人并没有亲自将药品贴标签或运送货物，也不知道这些情况的存在，他主张自己不应当被定罪。但联邦最高法院赞同在本案中适用严格责任和代理责任，维持了对 Dotterweich 的定罪。

联邦最高法院审理的另一个具有里程碑意义的严格责任刑事案件是 Morissette v. United States。❶本案中，被告人 Morissette 是一个废品回收商，公开进入空军投弹实训区域，拿走了搁置在外多年且已经生锈的使用后的炮弹外包装。他将这些"废品"卖给了一个城市废品市场，获利 84 美元。他被指控违反《美国法典》第 18 篇第 641 节，该条规定，明知是政府的财产而归为己有构成犯罪。控方认为，被告人承认从空军投弹实训区域内拿走炮弹外包装，因此毫无疑问他将明知原本不属于自己的财产归为己有。被告人的辩护是，他确实相信这些外包装已经被空军抛弃了，因此拿走它们并未侵犯他人的权利。一审法官驳回了被告人的辩护，指示陪审团"这里的意图是关于是否有意拿走财物"，一审裁定被告人构成犯罪。上诉法院维持了一审有罪判决，认为该制定法创立了多个独立的犯罪，包括盗窃和明知他人财产而归为己有。上诉法院认为传统的盗窃犯罪要求意图侵犯他人权利而拿走他人财物，但明知他人财产而归为己有并不要求有侵犯他人权利的意图，因为该制定法并未明确要求这一点。联邦最高法院推翻了这一判决，认为控方应当证明被告人知道使其行为非法的事实，也就是说，财产没有被其所有者抛弃。但这并不意味着联邦最高法院拒绝承认严格责任犯罪，因为它在判决书强调犯罪通常需要犯意要素的同时，也认为 Balint❷ 案和 Behrman❸ 案中的犯罪属于同一特征的犯罪，具有不同的先例和起源。这些犯罪并不取决于心理因素，而是取决于被禁止的作为与不作为。

从美国联邦最高法院的判例看，它一直以来都认可甚至支持严格责任

---

❶ 342 U. S. 246 (1952).
❷ United States v. Balint. 258 U. S. 250 (1922).
❸ United States v. Behrman. 258 U. S. 280 (1922).

在刑法中的运用。学者们也注意到了这一点，正如有学者所说："无论联邦最高法院是否应当如此，但显然它赞同对没有道德可责性的行为实施严格责任惩罚。"[1] 这样看来，"尽管一些人感觉到刑法中的严格责任不合宪，但联邦最高法院的裁决却不这样认为"[2]。

在 Patterson v. New York[3] 案中，联邦最高法院在裁判书中表明："我们无意在全国提出这样的宪法性要求，即控方对被告人的可罚性相关的任何和所有积极辩护的每一个事实都要否定到排除合理怀疑的程度。"这表明美国联邦最高法院拒绝设立宪法性规则以要求各州将犯意的要素包含在每一部刑事制定法规定的犯罪中。而且，联邦最高法院拒绝提出一个具体的标准以区别要求犯意的犯罪和不要求犯意的犯罪。[4] 但联邦最高法院在 Staples v. United States[5] 案中强调，不要求犯意的犯罪通常是不受支持的，立法者必须明确表示它们取消犯意要求的意图，以防止法院将其理解为法定犯罪。联邦最高法院之所以要强调这一点，其原因在于：在早期美国法学中，一个占主导地位的规则是，如果一部制定法没有提及犯意，那么法院就会推定要犯意因素。然而，一个有趣的变化是，一些法院现在已经将立法者对犯意的沉默解读为立法者有意使该罪成为严格责任犯罪。[6] 如果放任立法者在制定法中对犯意沉默而不是明示犯罪成立是否要犯意，实践中法院的解读会使严格责任犯罪数量大增。

五、美国刑法学界关于严格责任犯罪争议的解决方案

严格责任犯罪引发的争议展现出刑法学界对严格责任冲击传统刑法理

---

[1] Alan C. Michaels, "Constitutional Innocence", 112 *Harv. L. Rev.* 828, 841 (1999).

[2] Brian Kennan, "Evolutionary Biology and Strict Liability for Rape", 22 *Law & Psychol. Rev.* 131, 169 (1998).

[3] 432 U. S. 197, 210 (1977).

[4] Rachel A. Lyons, "Florida's Disregard of Due Process Rights for Nearly a Decade: Treating Drug Possession as a Strict Liability Crime", 24 *St. Thomas L. Rev.* 350, 364 (2012).

[5] 511 U. S. 600, 600 (1994).

[6] Catherine L. Carpenter, "On Statutory Rape, Strict Liability, and the Public Welfare Offense Model", 53 *Am. U. L. Rev.* 313, 358 (2003).

论的忧虑、对被告人权益受损的顾忌和对该理论可能阻碍社会发展进步的担忧。为解决严格责任犯罪带来的诸多问题，许多学者对严格责任犯罪立法提出了替代、限制或改造的建议。

替代论主张用非刑事手段替代刑事手段解决危害公众福利的行为。有学者认为："民事罚款、惩罚性赔偿、禁止令、利益剥夺或其他各种非刑事制裁能提供执行监管计划的同等可能性。""实际上，这些替代性的方式可以提高监管的可能性，因为在刑事诉讼中证据和证据性的要求比民事诉讼中要更高。"❶ 这种观点实际上是主张用民事手段替代刑事手段。在社会秩序的构建和维护中，民事法律起着重要的作用，而且是前置性手段。因此，权益的维护和违法行为的预防和制裁中，民事制裁措施与刑事措施同样重要。由于刑事诉讼要解决被告人的罪与非罪问题，刑事责任的解决方式也主要是通过刑罚的方式实施，因此与民事诉讼相比，无论是程序的严格性、证据充足性还是控方责任范围与证明标准，刑事诉讼中都要求更高。刑事诉讼这种高标准、严要求无疑会在一些情况下达不到追诉的目的，实际上就会放纵违法行为。正因为如此，这些学者就主张以民事手段取代刑事手段。在这一思路下，如果完全以非刑事手段取代刑事手段，严格责任犯罪就没有存在空间了。

限制论强调在立法上限制严格责任犯罪在危害公众福利行为中设立的范围。例如，有学者说："我承认严格责任在防止某些社会不愿意出现的行为和提高对某些社会高风险行为的注意程度方面发挥着作用，但即使严格责任规则有其社会价值，仍然要对其范围和适用进行深刻的修正。"❷ 那么如何在范围与适用上进行修正呢？《美国模范刑法典》对严格责任犯罪的态度与做法在这方面有较好的体现。该刑法典坚持刑事措施必须反映故意、明知、轻率或疏忽这些心理状态的要求；强调严格责任只能存在于刑

❶ Kadish, "Some Observations on the Use of Criminal Sanctions in Enforcing Economic Regulations", 30 *U. Chi. L. Rev.* 423, 442 (1963).

❷ Vera Bergelson, "A Fair Punishment for Humbert: Strict Liability and Affirmative Defenses", 14 *New Crim. L. Rev.* 55, 60 (2011).

罚为非监禁刑的轻微犯罪这一狭窄范围中。❶ "如果犯罪可能配置监禁刑时，它主张排除严格责任的适用，只有当犯罪是轻微犯罪时，才允许适用严格责任。即使这种情况下的适用，也只能看作该法典基本必要性的需要，而不表明它赞同严格责任。"❷ 甚至一些法院也对制定法中设立严格责任犯罪提出了限制要求，如佛罗里达州中部地区的联邦上诉法院在 Shelton v. Sec. y，Dep't of Corr. 案中就主张：下列情况下公众福利犯罪理论不能适用于缺乏犯意要素的制定法：（1）制定法配置的法定刑达到重罪的刑罚；（2）根据制定法判定的犯罪会造成实质性的社会污名；（3）制定法规定的行为本质上是无罪的。❸

改造论主张对从不同的角度对严格责任犯罪立法进行改造。有学者主张从严格责任犯罪的成立要素并结合证据法的角度对其进行改造。"为解决严格责任的严厉性，近些年来，一些不同的方式被提出来了。第一种方式是要求犯罪的成立必须有犯意，但将证明责任转移给被告人，一旦犯罪行为被控方证明，否认存在犯意的证明责任就转移给被告人。二是以疏忽代替整个犯意，即控方无需证明故意、明知或轻率，只需证明被告人有疏忽即可。"❹ 也有学者主张从辩护的角度改造严格责任理论。❺ 因为在传统严格责任理论中一直拒绝将合理的事实错误作为辩护理由。该学者认为这显然是不可接受的，他强调改造严格责任犯罪立法的唯一可行的方式就是法院审理中允许合理的错误辩护（包括事实错误与法律错误）。除下列限制外，应当允许法律错误辩护：一是高风险的行为使高标准的注意义务成为必要，也就是说一个合理的人该当充分注意该类行为；二是实施某危险的犯罪行为之人的错误将被推定为不合理。还有学者建议在严格责任犯罪

---

❶ 《美国模范刑法典》禁止监禁刑适用于严格责任犯罪，哪怕一天都不行。Michael Bohan，"Complicity and Strict Liability：A Logical Inconsistency"，86 *U. Colo. L. Rev.* 631，636（2015）.

❷ Michael Davis，"Strict Liability：Deserved Punishment for Faultless Conduct"，33 *Wayne L. Rev.* 1363，1366（1987）.

❸ Shelton v. Sec. y，Dep't of Corr.，802 F. Supp. 2d 1289，1305（M. D. Fla. 2011）.

❹ Jonathan Herring，*Marise Cremona*，*Criminal Law*（2nd ed），London：Macmillan Press LTD.，1998，pp. 83 – 84.

❺ Vera Bergelson，"A Fair Punishment for Humbert Humbert：Strict Liability and Affirmative Defenses"，14 *New Crim. L. Rev.* 55，76（2011）.

的追诉中由法院采纳善意相信辩护。❶ 善意相信辩护要求被指控严格责任犯罪的被告人证明：（1）被告人对导致其行为非法的那些环境因素确实不知；（2）为遵守法律，他尽了合理、积极的努力去了解环境因素的真实状态；（3）他对真实事实有误解；（4）处于被告人环境中的其他理性人也会犯同样的错，并且实施同样的行为。

在学者的这些建议取得共识前，美国各地法院也试图通过不同的方式使严格责任理论与普通法中的道德可罚性观念相一致，包括：（1）重读制定法：这是法院首先采用的方式，即通过"重新解释"严格责任的制定法而要求犯意要素，以减轻严格责任理论的影响。（2）质疑犯罪行为和因果关系：法院采取的另一个替代方式是通过质疑犯罪行为和因果关系以避免对不具有可罚性的行为人追究刑事责任。❷ 对于法院的上述努力，有学者评价说："法院将继续寻找避免严格责任理论严重后果的替代方式。到目前为止，他们的努力还比较尴尬，也比较有限。"❸

六、对我们研究严格责任问题的启示

与美国刑法学者一样，我国刑法学者也对严格责任犯罪与刑罚基本理论的关系进行了深入的分析，并对严格责任犯罪设立与刑罚报应观、功利观的关系提出了质疑。有人认为，严格责任在刑法中的确立会对刑罚报应与预防的二元辩证统一目的的实现造成莫大的损害，并设问：对无罪的人施加刑罚，谈何报应？谈何矫治？❹ 有学者认为严格责任犯罪的设立使一个已经尽可能地采取了预防措施、主观上没有罪过的人负担刑事责任，或在没有查明行为人主观罪过的情况下，便让其负担刑事责任，不可能收到

---

❶ Laurie L. Levenson，" Good Faith Defenses Reshaping Strict Liability Crimes"，78 *Cornell L. Rev.* 401，417，462 – 463（1993）.

❷ Laurie L. Levenson，" Good Faith Defenses Reshaping Strict Liability Crimes"，78 *Cornell L. Rev.* 401，428 – 434（1993）.

❸ Laurie L. Levenson，" Good Faith Defenses Reshaping Strict Liability Crimes"，78 *Cornell L. Rev.* 401，468（1993）.

❹ 袁益波：《论刑法中的严格责任及其局限性》，《甘肃政法学院学报》2003 年第 4 期。

良好的预防犯罪的效果。● 对于严格责任与办案效率、公平问题，我国有学者认为严格责任既不公正，也不符合诉讼经济原则，因此我国刑法不应当考虑设置严格责任;● 诉讼的根本价值在于追求公正，以效率为名，实行严格责任原则，实际上是本末倒置;● 严格责任犯罪的设立是为了某一个特殊的需要或者目的，在刑法条文中随意删减犯罪成立条件，从而减少诉讼中的证据证明难度，既不妥当，也不公正。● 这些争议所涉的是严格责任犯罪是否应当在刑法中确立的最核心、最根本问题。围绕这些争议，我国学者间已然形成了刑法中确立严格责任犯罪的支持论与反对论。至于美国学者质疑严格责任犯罪设立的合宪性问题，我国学者没有从这个角度考察。但其分析的基点值得我们思考，这涉及严格责任犯罪与正当程序、证明责任分配和立法明确性问题。

应当如何面对刑法中严格责任犯罪的争议？基于各自的立场，美国学者对严格责任犯罪立法提出替代、限制或改造的设想。这表明该类犯罪在美国并非被完全、普遍接受。● 同样，面对学者们的争议，我们也应当仔细斟酌，结合我国的实际，采取科学的态度。

美国学者的替代论强调用非刑事制裁的民事手段取代刑事手段。这种强调用非刑事制裁手段惩罚违法行为、维护法益的观念在我国学者中有较大的市场。不过，我国学者更多地强调行政处罚在危害公众福利行为中的运用。一些在美国刑法中作为严格责任犯罪处理的危害公众福利的行为在我国可能是行政违法行为，没有上升到犯罪的高度。替代论在美国刑法学者中支持者不多，事实上这一观点在实践中也没有起到影响立法与司法的

● 王晨:《我国刑法规定了严格责任吗》,《法学研究》1992 年第 6 期。
● 武小凤:《对我国刑法中严格责任立法现状及未来的比较分析》,《法学家》2005 年第 3 期。
● 邓文莉:《我国环境刑法中不宜适用严格责任原则》,《法商研究》2003 年第 2 期。
● 吴念胜:《我国环境犯罪不宜采用严格责任原则》,《兰州学刊》2012 年第 8 期。
● 在美国，严格责任犯罪问题并不是一个过时的话题，一些新生事物可能涉及严格责任问题。例如，对于汽车的自动驾驶问题，美国有学者也主张实行严格责任。"为自动驾驶者和汽车制造商增加更多的责任和强化道路安全，对自动驾驶加以严格责任是一个最符合逻辑的方法"。Adam Rosenberg, "Strict Liability: Imagining a Legal Framework for Autonomous Vehicles", 20 *Tul. J. Tech. & Intell. Prop.* 205, 224 (2017).

作用。就我国的情况而言，这种观点有一定的合理性，但这不应当是完全否定严格责任犯罪的理由。因为严格责任犯罪一方面并不是仅仅在危害公众福利犯罪中存在，另一方面即使是危害公众福利的严格责任犯罪也并非都是刑罚轻微的犯罪，这不是行政处罚力度所能及的。

美国学者的限制论主张对危害公众福利中的严格责任犯罪设置范围进行限制，通常是将该类犯罪限定为轻罪。这种限制论也可以在一定程度上缓解我国大多数学者关于在刑法中确立严格责任犯罪所产生的顾虑。如果我国刑法中规定危害公众福利方面的严格责任犯罪，也应当将该类犯罪限制在轻罪范围内。笔者曾经主张法定刑为不满 5 年有期徒刑、拘役、管制和单处附加刑的犯罪是轻罪❶。将严格责任犯罪限制在这个范围内是合适的，这与美国刑事立法基本一致。但这并不意味着严格责任犯罪法定最高刑的设置都可以达到 5 年。实际上，绝大部分的严格责任犯罪都应当是更短刑期的自由刑或单处附加刑。这不失为我国刑事立法中在危害公众福利犯罪中确立严格责任的一种路径。

美国刑法学者的改造论主张从犯罪成立要素、犯意类型、证明责任分配等方面改造严格责任犯罪。总体而言，主要是两个途径：首先，考虑到危害公众福利犯罪犯意证明的困难程度，将证明责任转移给被告人或者只要求控方证明较易证明的疏忽犯意；其次是在诉讼中允许被告方提出事实错误、法律错误、善意相信等辩护，以解决因严格责任导致定罪不公平现象。这两种方式中，前者将犯意加入原本为严格责任犯罪的成立要素之中，实际上就没有真正意义上的严格责任犯罪了。后者从证据法的角度改造严格责任犯罪，要求公众福利领域的行为人具有更高的注意义务，并在刑事诉讼中就犯意承担一定的证明责任。这也不失为我国刑事立法中确立严格责任犯罪的另一种路径。

至于美国刑事司法实践中允许法官使用自由裁量权以防因严格责任犯罪导致的判决不公，则是严格责任犯罪认定中司法权的灵活运用问题。

---

❶ 赖早兴、贾健：《罪等划分及相关制度重构》，《中国刑事法杂志》2009 年第 3 期。

结　语

严格责任犯罪是美国刑法中一种有特色的犯罪类型。即使是在制定法里有大量的该类犯罪，在司法实践中也有众多判例，但自该类犯罪大量出现在美国刑法中以来，围绕该类犯罪的争议就没有停止过。美国刑法学者和实务部门的人员提出了替代论、限制论和改造论等不同的方案来解决争议中提出的问题，这些方案为我们正确对待严格责任犯罪提供了参考。我们不应当完全否定严格责任在刑法中的意义，也不能不顾我国的实际情况完全照搬美国模式。我们在刑法中确立危害公众福利的严格责任犯罪时应当尽量缩小其范围，将其限制在轻罪中。在证明责任分配上，可以要求被告方承担否定犯意的证明责任。

美国刑法中的辩护事由及其启示[*]

摘　要：刑法中的辩护事由是被告方主张无罪或罪轻的事实或依据。辩护事由在刑法中具有重要的地位，它是否定犯罪成立的事实，也是从宽处理的依据。美国刑法学界对辩护事由的总体分类存在较大的分歧，对正当化事由和可宽恕事由的划分也存在争议。在具体的辩护事由中，除传统的辩护事由外，随着社会的发展，一些新型的辩护事由逐渐受到社会关注。

关键词：美国刑法；辩护事由；地位；分类；具体辩护事由

美国双层犯罪成立理论中，行为与犯意是犯罪成立的积极方面，无罪辩护事由是犯罪成立的消极方面。如果存在无罪辩护事由，即使控方将案件证明到表面成立的程度，法院也无法判定被告人有罪。同时，一些辩护事由与犯意有密切的联系，影响着特定犯意的形成，因而辩护事由对刑事责任的大小也有影响。所以辩护事由是美国刑法中的一个重要内容。本文试图对美国刑法中辩护事由的定义、其在刑法中的地位与分类、具体的辩护事由作初略探讨，并对我国刑法中辩护事由理论的完善加以思考。

---

* 本文发表于《刑法论丛》2015 年第 3 期。

一、刑法中辩护事由之界定

(一) 辩护的定义与特征

1. 辩护的定义

在美国学者看来，"辩护"一词已经是一个非常成熟的概念，学者们在理解上没有什么分歧。正如有学者所言："不像刑法的其他众多方面，辩护从来没有作为综合性概念分析的对象。大多数辩护的基本特征和范围多个世纪以来就已经定型，没有什么疑义。"[1] 虽然如此，笔者认为还是有必要对"辩护"一词作一个概念性分析。

什么是辩护？在对抗制的美国刑事诉讼中，辩护当然是辩护方的被告人或辩护人所作的辩解。但"在对抗制体制中并非被告人所说的一切都是'辩护'"[2]。对于辩护的定义，学者们从不同的角度和层面进行了界定。有学者认为："'辩护'至少在非正式意义上，通常用于表明存在可以阻止定罪的一些确定的事实或条件。"[3] 也有学者认为："辩护（defense）一词至少从表层意思上看，通常意味着可能阻止定罪的一系列可知的情况。"[4] 还有学者认为，在刑法中，一个成功的辩护可能导致指控的减轻、减少或无罪。[5] 这说明，从内容上看，辩护是围绕被告人无罪或罪轻所做的工作。如果从形式上看，这些内容应当由被告方在刑事诉讼中提出来，只不过论者们都是在刑事法领域讨论辩护这一问题，所以论者们并没有强调这一点。

---

❶ Joshua Dressler, *Criminal Law* (5th edition), St. Paul: West, 2007, p. 480.

❷ Richard G. Singer, et. al., *Criminal Law* (4th edition). New York: Wolters Kluwer, 2007, p. 406.

❸ Joshua Dressler, *Criminal Law* (5th edition), St. Paul: West. 2007. p. 480.

❹ Paul H. Robinson, "Criminal Law Defenses: A Systematic Analysis", 82 *Colum. L. Rev.* 199, 203 (1982).

❺ Suetitus Reid, *Criminal Law* (5th edition), Ohio: McGraw - Hill Company Inc., 2001, p. 87.

那么被告人关于罪责问题所发表的意见是否均属辩护？有许多学者对此作了限制。例如有学者认为："刑事被告人声称，当杀人行为发生在纽约州波基普西时，他正在俄亥俄州的克利夫兰，这就不是辩护。因为他质疑的是控方案件的关键部分：即被告人在犯罪现场。我们将被告人的这种主张称为证据不足（failure of proof），因为该主张认为控方并没有将案件证明到表面成立（prima facie）。"❶ 有学者认为："在刑事法中，'辩护'一词可能在更严格的意义上使用。从这一意义上看，'辩护'仅在被告人承认被指控的事实确实由其实施的情况下使用。不在犯罪现场（defense of alibi）、对因果关系的否认均不是此种严格意义上的辩护，因为提出此类主张只是简单地否认了犯罪事实由其实施。"❷ 这些学者将辩护限制在了一个较窄的范围内，即被告人承认控方所指控的行为为自己所实施的情况下，为自己的行为是否构罪或责任轻重所发表的意见，才是辩护。这实际上是将辩护限定为"积极辩护"（affirmative defense）。

从上述学者们的观点可以看出，刑事实体法中的辩护是刑事辩护方（被告人或辩护人）承认行为是被告人所实施的情况下对被告人无罪或罪轻所发表的意见。

2. 辩护的特征

辩护具有以下几个方面的特征：

1）辩护的主体是被告方

美国是实行对抗制（adversarial process）刑事诉讼的国家。由控方指控被告人涉嫌构成犯罪，并将案件证明到表面成立的程度。被告方为了维护自身的利益，通常会基于事实和法律，对自己无罪或罪轻提出自己的意见。虽然美国实行无罪推定制度，也实行沉默制，但这并不能完全排除被告人可能受到错误的追究。因为许多案件事实情况只有被告人自己清楚，如果不表达出来，很可能无法被作为事实发现者（fact finder）的法官或陪审团掌握。因此，要维护被告人的利益，被告方就应当对自己无罪或罪轻

---

❶ Richard G. Singer, et. al. , *Criminal Law* （4th edition）. New York：Wolters Kluwe, 2007, p. 406.

❷ John Gardner, "Fletcher on Offenses and Defenses", 39 *Tulsa L. Rev.* 817, 817 （2004）.

作出辩解，并提供相应的证据。

2）辩护是以被告人无罪、罪轻为内容

被告人在刑事诉讼过程中所说的内容并不均是辩护，只有与被告人罪的有无与轻重相关的内容才是辩护。这是因为，刑事诉讼中，控方是针对被告人构罪及罪的程度进行指控，对抗制下被告方也是对这两部分内容进行辩解。通常情况下，被告人对自己身份信息的回答、对案情的供述、对程序的要求等都不是刑事实体法中的辩护内容。

3）辩护的首要目的是保护被告人的利益

有学者认为："刑法中，辩护的重点（point）是确保只有该受惩罚的行为受到相应程度的惩罚。"❶ 辩护确实具有保证危害行为人受到应得惩罚的作用，但该制度的设计并不是为了惩罚的合理性。该制度的设计目的是在保证被告人的合法利益的前提下，确保无罪不罚，罚当其罪。虽然追诉与辩护最终的结果均是取决于惩罚的合理性，但出发点却根本不同。

4）辩护是刑事诉讼过程中被告人的权利

刑事辩护作为一项法律制度，适用于刑事诉讼过程中。因此只有刑事诉讼过程中被告人才可以行使这一权利。至于辩护权何时开始行使，并没有成文立法加以规定。但根据美国米兰达规则，行为人对警察所说的一切都将可能被作为法庭的证据使用，而这些就可能涉及行为人的罪与非罪、罪轻与罪重问题。因此，从内容上看，行为人此时的辩解，实际上就是辩护。从美国刑事诉讼对抗制构建来看，对抗制强调的是控方与辩方的对抗，警察只是作为证人出庭。因此，从对抗制看，被告人的辩护权始于庭审。

（二）辩护事由的定义与特征

1. 辩护事由的定义

辩护事由是支持辩护的理由或事实。美国刑事诉讼中，案件的审理有

---

❶ William Willson, *Criminal Law: Doctrine And Theory* (2th edition), Oxford: Hart, 2003, p. 206.

两种方式：法官审理或陪审团审理。无论是法官审理还是陪审团审理，裁判者均是基于事实和法律作出裁判。从证明责任分配上看，控方将案件证明到表面成立后，被告方就要针对控方的指控提出自己无罪或罪轻的主张，说明自己的理由，并承担提出相应的证据予以支撑的责任。这些理由就是辩护事由。当然，刑法中的辩护事由只是实体部分的主张，而不包括程序方面的辩护事由。

2. 辩护事由的特征

辩护事由具有如下几个方面的特征：

1）辩护事由是辩护的根据

辩护包括两个方面的内容：辩护主张和辩护理由。辩护主张是辩护方提出的无罪或罪轻的观点。辩护方的这一观点将在诉讼中成为争议点或争点（issue）。整个刑事诉讼均是围绕争议点展开。辩护方要成立自己的观点，就要有相关的理由，如自我防卫（self - defense）、紧急避险（necessity）、受胁迫（duress）等。

2）辩护事由是一种类型化事实

辩护事由本身是事实，但并不是具体的事实，而是类型化的事实。所谓类型化事实就是学者们通过归纳、提炼将某些具有共性的事实归为一类并予以命名的事实。例如，紧急避险是一种辩护事由，这就是一种类型化的事实。因为实践中，紧急避险表现为多种形式，有的是对人引起的危险加以规避，有的是对自然引起的危险进行规避，有的是对动物的危险进行规避。所以实践中紧急避险的表现形式是多种多样的。刑法理论将这些不同的表现形式加以归纳并命名为"紧急避险"。刑事诉讼中，被告人的无罪主张可以基于紧急避险这一事由进行辩护，但必须结合自己当时的情况举证证明为什么成立紧急避险。

3）辩护事由涉及罪的有无与轻罪

与辩护的类型相似，无罪辩护中被告人提出无罪辩护事由，轻罪辩护中被告人提出罪轻辩护事由。从实践看，还有关于行为属于何种罪的辩护。例如，刑事诉讼中，控方指控被告人构成谋杀罪，但被告人认为自己实施行为时精神不正常，主张自己行为时能力减弱（diminished capacity），无法形成谋杀罪中的预谋的恶意（malice aforethought），主张自己不构成谋杀罪，只能成立过失杀人罪（manslaughter）。这从表面上看，是另一种辩护，但实质上是罪轻辩护的一种。也就是说，罪轻辩护并不仅仅是确定行为构成何罪的情况下的罪轻辩护，还包括行为具体构成何罪的辩护。因此，辩护事由也基本可以分成上述两类。在这两类犯罪中，刑法关注更多的是无罪辩护事由，大多数刑法著作对此都作了详细的论述，但对罪轻辩护论述较少。

二、辩护事由在刑法中的地位

（一）辩护事由在犯罪成立中的地位

刑法学的犯罪论中，英美法系国家的双层犯罪成立理论是与大陆法系国家的三层犯罪构成理论、中国四要件犯罪构成理论并列的一种犯罪成立理论。美国刑法理论中，一般认为犯罪的成立应当具备两个方面的条件。我国有学者称其为本体要件与责任充足要件，即认为："在理论结构上，犯罪本体要件（行为和心态）为第一层次，责任充足要件为第二层次，这就是美国刑法犯罪构成的双层模式。"[1] 有学者称为实体性犯罪构成要件与程序性犯罪构成要件：实体性犯罪构成要件是指犯罪行为和犯意；程序性犯罪构成要件就是指合法辩护。[2] 笔者也认为，美国犯罪成立理论是双层结构，但其两个要件分别应被称为犯罪的表面成立要件和犯罪的实质成立要件。[3] 其中，犯罪表面成立要件是指犯罪的行为（actus reus）与心态（mens rea），犯罪实质成立要件是无罪辩护事由的不存在。因此，在美国刑法中，无罪辩护事由与犯罪行为及心态一样具有极其重要的地位。犯罪行为与心态是从积极的方面说明行为人的行为构成犯罪，而无罪辩护事由则是从消极方面表明行为人虽然实施了相关行为，但行为不构成犯罪。所

[1] 储槐植：《美国刑法》（第三版），北京大学出版社 2005 年，第 35 页。
[2] 陈兴良：《犯罪论体系研究》，清华大学出版社 2005 年版，第 96－143 页。
[3] 赖早兴：《英美法系国家犯罪构成要件之辨正及其启示》，《法商研究》2007 年第 4 期。

以，即使行为人基于某种心态实施了危害行为，但如果存在无罪辩护事由，也无法成立犯罪。

美国为什么会成立这样一种犯罪成立理论？这是与其刑事诉讼中的对抗制分不开的。在美国刑事诉讼中，法官或陪审团处于中立的地位，由控方和辩方对案件事实进行对抗。对抗的内容是被告人的行为是否构成犯罪、构成何种程度的犯罪等。控方主张被告人的行为构成犯罪，并提出相关的证据向作为事实裁判者的法官或陪审团进行证明。也就是说，控方证明被告人基于某种犯意实施了危害行为。而且，根据联邦最高法院在 In re Winship 案❶中所确定的规则，控方应当将成立指控犯罪所需的所有事实证明到排除合理怀疑的程度（beyond reasonable doubt）。即控方要将作为犯罪物理或外部部分的危害行为和作为心理特征或内在特征的犯意证明到排除合理怀疑的程度。

在刑事诉讼中，被告方并不是控方的合作方，而是对抗方。当控方提出指控和列出相关的证据后，被告方会基于种种理由对指控进行否定。要么否认自己实施了这种行为，要么承认自己实施了行为但认为实施这种行为是有正当理由或是基于不可追责的原因，因此被告人的行为并不构成犯罪，因而无需承担刑事责任。

正是在对抗制刑事诉讼程序中，控告方从积极方面证明被告人的行为构成犯罪，而被告方则从消极方面否认犯罪的成立。从刑事诉讼的过程上看，控方并不是一次性地完成其指控和证明责任的，而是随着刑事诉讼的推进、基于被告方的辩护一步步完成的。

犯罪表面成立要件与实质成立要件在犯罪成立理论中具有同等重要的地位，因此刑事诉讼中就要使两个要件证明主体的力量相当，实现基本平衡的对抗。由于控方是运用国家机器并动用刑事强制措施对犯罪嫌疑人进行侦查，犯罪嫌疑人或被告人处于弱势地位，因此为保护被告人不受无端的指控，立法者规定了一系列措施对控方收集证据及证据的证明力加以限制，如实行沉默权制度、无罪推定制度、传闻证据排除规则等。这些制度

❶ In re Winship，397 U. S. 358（1970）.

的推行，加大了控方指控的难度，也为实现诉讼中的平等对抗创造了条件。另外，在法庭审理中，根据刑事诉讼规则，控方要承担主要的证明责任，且证明的程度为排除合理怀疑❶。被告方则通常只承担主张责任和提出证据的责任（burden of production），除特定辩护事由如精神病（insanity）或能力减弱辩护（diminished capacity）外，不承担说服责任（burden of persuasion）。即使是承担说服责任的情况下，被告方的证明程度也不是排除合理怀疑，而是优势证据（preponderance of the evidence）或清晰且有力的证据标准（clear and convincing evidence）。

（二）辩护事由在决定责任程度上的作用

辩护事由在犯罪成立理论中具有重要作用，但这不是辩护事由在刑法中地位的全部。如果被告人的行为构成犯罪的情况下，辩护事由在影响被告人责任程度的方面也发挥着重要作用。

辩护事由许多都与被告人的犯意要素相关，正是由于存在一定的事实情况，被告人的刑事责任受到了影响。例如，精神病（mental illness）是一种重要的辩护事由。如果行为人的精神病达到了法定的精神病标准❷，被告方就可以成立精神病辩护而被裁定为无罪（Not guilty by reason of insanity, NGRI）。但并非所有的精神病都达到了法定的标准，这样被告人就无法成立精神病辩护。但这种程度的精神病对被告人的认识能力和意识能力也会产生影响，因而会影响其刑事责任能力。所以美国一些州的法院采纳被告人提出的能力减弱辩护，在裁定中将犯罪的严重程度降低。在美国一些州的刑事诉讼中，如果被指控犯谋杀罪的被告人患有精神病（没有达到精神病的法定标准），则因其无法形成谋杀罪所需的预谋恶意而被裁定构成故意杀人罪或过失杀人罪。正如在 Fisher v. United States❸ 一案中联邦最高法院法官 Frank Murphy 所说的："不能将人的精神状况绝对地分为

---

❶ 赖早兴：《美国刑事诉讼中的"排除合理怀疑"》，《法律科学》2008 年第 5 期。

❷ 赖早兴：《精神病辩护制度研究——基于美国精神病辩护制度的思考》，《中国法学》2008 年第 6 期。

❸ 328 U. S. 463（1946）.

精神正常与精神不正常"，"在精神正常与精神不正常这两个极端中间，还有一个精神混乱或缺陷这一阴影部分，无法归为精神正常还是不正常"。"更准确地说，有一些人并非完全的精神不正常，但其心理能力是如此之低以致无法形成成文法规定的一级谋杀所需的故意或预谋。"

当然，刑法中的辩护事由许多都具有影响被告人刑事责任大小的作用，例如受胁迫、避险行为、防卫行为等。

三、刑法中辩护事由分类的分歧

美国刑法中，辩护事由分类是一个争议比较大的问题。这一争议在于两个方面：即辩护事由总体上如何分类？正当化事由与可宽恕事由如何区分？

（一）总体分类上的分歧

美国学者对于辩护事由总体上的分类有不同的观点，有五分法、三分法、两分法等。

罗宾逊（Paul H. Robinson）将辩护事由分为五类，即除刑法学界通常所承认的正当化事由（justifications）和可宽恕事由（excuses）外，还有证据不足的辩护事由（failure of proof defenses）、犯罪定义修正的辩护事由（offense modifications）和无需开脱罪行的辩护事由（nonexculpatory defenses）[1]。论者认为，刑法中的错误（mistake）就是一个证据不足的辩护事由的清晰例子。例如，近亲相奸罪（Incest）被定义为行为人与其前辈、晚辈或同胞兄弟姐妹发生性关系。如果被告人合理地认为与其发生性关系的人并不是他的这些家庭成员，那么这种认识上的错误就阻止了构成犯罪所需的心理要素（mental element）。当这类事实错误作为辩护事由时，它就不是通常的辩护事由，而是证据不足的辩护事由。犯罪定义修正的辩护事由在现实中也是常见的。例如，父母违背警方的建议向绑架其孩子的人汇出了一万

---

[1] Paul H. Robinson, "Criminal Law Defenses: A Systematic Analysis", 82 *Colum. L. Rev.* 199, 229 – 232 (1982).

美元。从犯罪表面成立的条件上看，该父母的行为是完全可以构成绑架罪的共犯的。但很显然，该父母并不会因此而构成犯罪，因为该行为事实上并没有造成刑法所禁止的任何危害。无需开脱罪行的辩护事由是因为立法上规定了对该类行为不予追究，故而无需开脱罪行。例如，超过追诉时效就是一个很好的例子。虽然行为人的行为完全符合犯罪表面成立的要件，但立法规定超过追诉时效的行为不予追究，故而被告人无需开脱自己的罪行。哲斯勒（Joshau Dressler）对该分类表示赞同，只不过在概念使用上与罗宾逊有差异。他使用特定辩护事由（specialized defenses）代替了犯罪定义修正的辩护事由，用外在的辩护事由（extrinsic defenses）取代了无需开脱罪行的辩护事由。在他看来，正当化事由、可宽恕事由和特定辩护事由均与被告人的可罚性、危险性、行为的错误性相关，而外在的辩护事由则完全与这些因素无关，是外在于实体刑法的政策因素。❶

斯克尔顿（David T. Skelton）将辩护事由分为三类：第一类是与刑事责任能力相关的辩护事由（defenses relating to capacity），如未成年、醉态、精神病、夫妻身份、公司行为等；第二类是与犯意相关的辩护事由（defenses relating to criminal intent），如强迫、紧急避险、警察圈套等；第三类是与正当化事由相关的辩护事由（defenses relating to justification），如正当防卫、公共权力、被害人同意、被害人宽恕等。❷

卡迪斯（Sanford H. Kadish）将辩护事由分为两类：基于法律执行政策的辩护事由和可罚性辩护事由，然后再将后者分为正当化事由和可宽恕事由两个子类。❸ 第一类不是基于道德过错而是基于法律执行者的政策，第二类才与个人的过错相关。摩尔（Michael S. Moore）的分类与此类似，也是将辩护事由总体上分为外部政策辩护事由（extrinsic policy defenses）和可罚性辩护事由。刑法中的一些辩护事由表明行为人不具有道德上的应

---

❶ Joshau Dressler. *Understanding Criminal Law* (5th edition), New York: Matthew Bender & Company, Inc., 2009, p. 206.

❷ David T. Skelton, *Contemporary Criminal Law*, Boston: butterworth - heinemann, 1998, pp. 269 - 297.

❸ Sanford H. Kadish, *Blame and Punishment: Essays in the Criminal Law*, London: Collier Macmillan, 1987, p. 82.

受谴责性（blameworthiness），但其他的一些辩护事由与行为人的应受谴责性没有关系，这就是外部政策辩护事由，例如法定时效（statute of limitations）和警察圈套（entrapment）。❶ 然后他再将可罚性辩护事由细分为正当化事由与可宽恕事由。

（二）正当化事由与可宽恕事由的分歧

这种分歧在于两个方面：一是要不要区分两者的分歧；二是如何区分两者的分歧。

对于区分两者的意义，一般认为，早期英国普通法中正当化事由与可宽恕事由的区别有着深刻的实践意义。因为在重罪案件中，实施正当化行为的被告人将被无罪释放，但实施可宽恕行为的被告人将被判以与其他犯罪者同样的刑罚（死刑和没收财产），尽管他可能因为英王的赦免而被免于死刑的执行。后来，实施可宽恕行为的人也允许以获得归还令状（a writ of restitution）而重新获得被剥夺的财产，直到1838年英国法律上取消没收财产刑。❷ 但正当化事由和可宽恕事由的区别在今天似乎已经不重要了。正如有学者指出的："刑事法庭同样对待正当化行为人和可宽恕行为人：两种人都无罪释放、其行为不受惩罚。结果一些法院、立法者和学者对两类不同辩护事由的内在区别不再关心，甚至相互交替混用'正当化事由'与'可宽恕事由'。"❸

但一些学者认为正当化事由与可宽恕事由两者"概念上的区别仍然是重要的"❹。"一些学者寻求厘清'正当化事由'与'可宽恕事由'的概念以揭示如何区分这两个概念，解释法律人为什么要关注它们之间的差

---

❶ Michael S. Moore, *Placing Blame*, Oxford：Oxford University Press，2010，p. 482.

❷ 赖早兴：《证据法视野中的犯罪构成研究》，湘潭大学出版社2010年版，第14页。

❸ Joshau Dressler. *Understanding Criminal Law*（5th edition），New York：Matthew Bender & Company，Inc.，2009，p. 206.

❹ Paul H. Robinson，"Criminal Law Defenses：A Systematic Analysis"，82 *Colum. L. Rev.* 199，229（1982）.

异。"❶ 对于两者区别的意义，哲斯勒认为体现在多方面，如传递清晰的道德信息、保持刑法理论的一致性、解决共犯的法律责任问题、确认第三人的行为责任、证明责任分配等。❷ 罗宾逊认为正确区分两者具有符合刑事责任和刑事惩罚的目的、有利于证明责任的分配等六方面的现实意义。❸

如何区分正当化事由与可宽恕事由？学者哈特（H. L. A. Hart）较早关注了这个问题，他认为："法律不谴责甚至欢迎正当化行为"，"可宽恕的行为是受到谴责的行为，只是因为行为人的心理状态而排除了公共的谴责和刑罚的惩罚"。❹ 但对两者的区分作出了杰出贡献的是美国学者弗莱彻（George P. Fletcher）。他认为基于正当化事由的辩护承认行为符合犯罪的定义，但质疑行为是否错误；基于可宽恕事由的辩护承认行为错误，但寻求避免将行为的原因归因于行为人。正当化事由承认犯罪定义得到了满足，但认为行为是正确的而不是错误的；可宽恕事由并不否认行为的错误性，但认为行为人不应当承担责任。正当化事由是针对行为而言，可宽恕事由是针对行为人而言的；正当化事由外在于行为人，可宽恕事由内在于行为人。❺ 这一观点得到了众多美国学者的赞同。例如，罗宾逊也主张："正当化的行为是正确、受到鼓励的行为，至少是可以容忍的行为。在判断一个行为是否为正当的行为时，焦点在于行为而不是行为人。可宽恕的行为是错误的行为、不是社会希望发生的行为，只是因为行为人具有某种特性而不处罚他……可宽恕事由的焦点是行为人。行为是正当的，行为人是可宽恕的。"❻ 哲斯勒认为："正当化行为表明至少行为不是错误的；可宽恕行为承认行为的错误性，只是因为心理层面或条件的原因导致了非自

---

❶ Joshau Dressler. *Understanding Criminal Law*（5th edition），New York：Matthew Bender & Company，Inc.，2009，p. 208.

❷ Joshau Dressler. *Understanding Criminal Law*（5th edition），New York：Matthew Bender & Company，Inc.，2009，pp. 218 –219.

❸ Paul H. Robinson，"Criminal Law Defenses：A Systematic Analysis"，82 *Colum. L. Rev.* 199，243 –263（1982）.

❹ H. L. A. Hart，*Punishment and responsibility*，1968，pp. 13 –14.

❺ G. Flectcher，*Rethinking Criminal Law*，Boston：Little，Brown，1978，pp. 458 –459，p. 759.

❻ Paul H. Robinson，"Criminal Law Defenses：A Systematic Analysis"，82 *Colum. L. Rev.* 199，229（1982）.

愿的行为而以其行为的错误性而惩罚他。"❶ 贝勒斯（Michael D. Bayles）认为：通常情况下，正当化事由承认行为符合某一犯罪的定义，但因为该行为是正当的而不是错误的，正当化事由关注的是行为；相反，可宽恕事由承认行为是错误的，但我们不能要求行为人对其行为承担责任，可宽恕事由关注的是行为。❷ 正因为如此，"正当化事由与可宽恕事由之间的区分已经成为学者们少有达成广泛共识的一个议题"❸。

不过，也有学者对这种区分提出了质疑。伯尔曼（Mitchell N. Berman）说："我认为这种压倒性的一致是错误的。"他认为不是所有的道德上正当的行为在刑法上都是正当的，也不是所有刑法正当的行为道德上都是正当的。"相反，我认为基于刑事辩护类型上的分类，正当化事由与可宽恕事由的区别仅仅在于：一个正当的行为不是犯罪，而一个可宽恕的行为已经成立犯罪只是不惩罚。"❹

另外，在广泛接受的区分标准下，一些具体的辩护事由到底应当归属于正当化事由还是可宽恕事由也存在争议。例如，某人因曾经长期受虐待而形成了一种不健康的心理，在这种心理下实施了危害行为。在诉讼中他可能会基于曾长期受虐待的事实进行辩护。那么这种辩护事由是正当化事由还是可宽恕事由？有学者认为："如果被告人曾经是受虐待的受害人，那么他可能以其为由进行辩护，这种辩护可能是正当化事由或可宽恕事由。因为他受虐待形成的症状使其具备了与传统刑事辩护中正当防卫或精神病类似的因素。"❺ 有学者认为长期受虐待的事由"明显无法归类于传统的积极辩护事由的种类。相反这一辩护事由要拓展正当防卫辩护的范围"❻。

❶ Joshua Dressler, "New Thoughts about the Concept of Justification in the Criminal Law: A Critique of Fletcher's Thinking and Rethinking", 32 *Ucla L. Rev.* 61, 66 (1985).

❷ Michael D. Bayles, "Reconceptualizing Necessity and Duress", 33 *Wayne L. Rev.* 1191, 1203 (1987).

❸ Mitchell N. Berman, "Justification and Excuse, Law and Morality", 53 Duke *L. J.* 1, 3 (2004).

❹ Mitchell N. Berman, "Justification and Excuse, Law and Morality", 53 Duke *L. J.* 1, 4 (2004).

❺ Elizabeth L. Turk, "Abuses and Syndromes: Excuses or Justifications", 18 *Whittier L. Rev.* 901, 902 (1997).

❻ Kimberly M. Copp, "Black Rage: The Illegitimacy of a Criminal Defense", 29 J. *Marshall L. Rev.* 205, 209 (1995).

四、具体的辩护事由

由于行为发生时的外在情况和行为人的状况各不相同，因此具体的辩护事由多种多样。笔者试图从传统和新型两个角度对具体的辩护事由进行阐述。

（一）传统的具体辩护事由

传统的辩护事由是长期以来为刑法学界所认可、亦被法律实践部门所采纳的辩护事由。这些辩护事由具有较长的历史，理论上较为成熟。笔者根据通说对这些辩护事由进行分类列举❶。

1. 正当化事由中的具体辩护事由

该类具体的辩护事由包括：正当防卫（包括自我防卫、为他人防卫、财产防卫）、紧急避险、意外事实、警察圈套、执行职务、体育竞技、医疗行为、机械故障、被害人同意等。

2. 可宽恕事由中的具体辩护事由

该类具体的辩护事由包括：未成年、精神病或缺陷、梦游症、自动症、失忆症、醉态、认识错误、受胁迫、受挑衅等。

3. 基于法律政策的辩护事由

该类具体的辩护事由包括：外交豁免、司法（或行政）赦免、超过诉讼时效等。

（二）新型的具体辩护事由

除上述传统的辩护事由外，随着社会的发展，一些新型的辩护事由也出现了。这些新型的辩护事由有的虽然在法庭由被告方提出，即使理由充分，但并不一定被法庭采纳，但至少在理论上已经获得了认可。

---

❶ 赖早兴：《证据法视野中的犯罪构成研究》，湘潭大学出版社 2010 年版，第 15 页。

1. 安乐死

安乐死在美国并不是一个正式的辩护事由。虽然美国联邦最高法院在判例中裁定一个意识清晰的人有权拒绝维持生命的治疗❶，但并没有承认安乐死的合法性。因此为了使身患绝症的他人在无痛苦中死去而帮助其结束生命的行为符合故意杀人罪的构成。但与世界其他国家一样，民众对安乐死的合法化多数持支持的态度。刑法学界一直思考的就是：安乐死是否应当像荷兰一样合法化而成为一个辩护事由？如果合法化，那么安乐死是正当化事由还是可宽恕事由？❷

2. 恶劣的社会背景（rotten social background）

恶劣的社会背景对一个人的健康成长极为不利，这种背景下成长的人很容易走上犯罪的道路。而这种社会背景往往不是一个人成长过程中可以选择的，因此将这种原因导致的犯罪完全归结于被告人也是不公平的。恶劣的社会背景包括童年时代受虐待、被遗弃、酗酒或吸毒的环境、地位低下、种族歧视等诸多因素。❸ 在 United States v. Alexander❹ 一案中哥伦比亚特区上诉法院的 Bazelon 法官第一次主张接受"恶劣的社会背景"的证据作为辩护理由。该案中，被告人是一个非裔美国人，在加利福尼亚长大，在成长过程中他父亲遗弃了家庭，他经济极度困难，很少得到他母亲的爱和关注，是一个种族歧视的受害者。精神病专家出具的证词表明被告人杀人是被告人成长过程中恶劣社会背景的结果。当然，法庭并没有因为 Bazelon 法官的主张而裁定被告人无罪，法庭维持了初审法院关于被告人构成二级谋杀罪的裁定。理论界对于该事由是否应当成为辩护事由也有全方位的思考。❺

---

❶ Jen Allen, et al., "American's Attitudes Toward Euthanasia and Physician – Assisted Suicide, 1936 – 2002", 33 *J. Soc. & Soc. Welfare* 5, 9 (2006).

❷ Joshua Dressler, *Criminal Law* (5th edition), St. Paul: West, 2009, p. 681.

❸ Jayaraman, Mythri A, "Rotten Social Background Revisited". 14 *Cap. Def. J.* 327, 327 (2002).

❹ 471 F. 2d 923 (D. C. Cir. 1972).

❺ Delgado, Richard, "Rotten Social Background: Should the Criminal Law Recognize a Defense of Severe Environmental Deprivation", 3 *Law & Ineq.* 9, 9 – 90 (1985).

3. 文化辩护（culture defense）

每个人都是在一定的文化环境下成长的。在个人的成长过程中，文化的熏陶对个人性格的塑造、行为规则意识的形成均具有相当重要的影响。不同的文化成长下的个人对行为的正当性可能有完全不同的认识。基于自己的文化，行为人可能认为自己实施的行为是正当的，而实际上所在地的法律却禁止这种行为。例如在 State v. Kargar❶ 案中，被告人是一个阿富汗的难民，住在缅因州，帮助邻居照顾小孩。一天邻居发现被告人亲 18 个月大孩子的阴茎，而且在被告人家里还发现了一张他亲孩子阴茎的照片，于是便报了警。被告人面对警察承认自己亲了该小孩的阴茎，但他辩称亲小孩的阴茎在他们的文化中是可以接受的通常做法。那么行为人基于原来自己的文化实施的、自己认为正当但实际上是犯罪行为的情况下，其文化是否可以作为辩护理由？

刑法学界对此有不同的意见，有反对的声音也有赞成的观点。例如有人认为：文化辩护的主张违反了平等保护原则和社会的基本规则，社会公众有权要求政府打击犯罪保护公共权益。文化辩护是一个危险的主张。❷有一些学者认为文化因素应当成为辩护理由。例如有学者认为，某人实施犯罪行为仅仅是因为他不知道法律的规定；一个遵守法律的人针对其实施的犯罪行为将文化作为辩护事由，可能完全是因为其所在国家的文化内在价值强迫他这样做。❸"只有正式承认文化辩护，才能确保美国法院真正公正、同等地对待所有的……移民和非移民。"

五、启示

上述美国刑法中的辩护事由理论有其合理性，我们可以借鉴其中的合理因素完善我国刑法中的相关理论。

---

❶ 679 A. 2d 81, 1996 Me. 162, 68 A. L. R. 5th 751.

❷ Morgan, J. Tom, et al., "Dangers of the Cultural Defense", 92 *Judicature* 206, 206 (2009).

❸ Note, "The Cultural Defense in the Criminal Law", 99 *Harvard Law Review* 1293, 1296 (1986).

一是构建容纳辩护事由的犯罪构成体系。在我国刑法理论中，否定犯罪成立的事由通常为排除犯罪性事由或排除社会危害性事由，具有这些事由的行为称为排除犯罪性行为或排除社会危害性行为。有学者认为，排除社会危害性的行为是指外表上符合某种犯罪构成，实质上不具有社会危害性的行为。❶还有学者认为，排除犯罪性的行为，是指形式上似乎符合某种犯罪构成，但在实质上不具备刑事违法性，而且大多是对社会有益的行为。❷这说明，刑法理论上将排除犯罪性事由或排除社会危害性事由作为实质要素，而将犯罪构成视为形式要件。但犯罪构成理论的通说却认为犯罪构成是指刑法所规定的、决定一行为是否具有社会危害性及其程度的一切主、客观要件的总和。这种四要件体系完全是一个实质性体系，犯罪构成要件也是实质要件。因此，犯罪构成理论与排除犯罪性事由理论（或排除社会危害性事由理论）完全是一种相互矛盾的理论。我国现行犯罪构成体系完全无法容纳辩护事由。因为现行犯罪构成理论体系下完全无法进行证明责任的合理分配，如果说控方要证明犯罪的成立就必须承担所有的证明责任，而辩护方则无需承担任何证明责任。❸既然辩护方无辩护责任，那么辩护事由成立存在的必要性就值得怀疑。为了消除这一矛盾，改变现行犯罪构成体系导致的证明责任分配无序化的现状，我们有必要借鉴美国双层犯罪构成的理论体系，将犯罪构成分为犯罪表面成立要件（形式要件）和犯罪实质成立要件。其中，排除犯罪性事由不存在就是犯罪成立的实质要件。只有在这种犯罪构成理论体系下，才能将我国现行刑法理论中的排除犯罪性事由融入犯罪构成体系中。

二是合理区分辩护事由的种类。我国现行刑法理论中，论者在论述排除犯罪性事由或排除社会危害性事由时并没有进行合理的分类，而是笼统地列举具体的辩护事由。笔者认为，美国学者对辩护事由的分类具有可借鉴性。例如，正当化事由与可宽恕事由的区分可以传递道德信息，告诉社会公众正当化事由因为不具有道德上的可谴责性而受到国家的许可甚至鼓

---

❶ 王作富：《中国刑法研究》，中国人民大学出版社 1988 年版，第 190 页。

❷ 赵秉志、吴振兴：《刑法学通论》，高等教育出版社 1993 年版，第 266 页。

❸ 赖早兴：《证据法视野中的犯罪构成研究》，湘潭大学出版社 2010 年版，第 14 页。

励；可宽恕事由仅体现了刑法的人道性而并不是国家所鼓励的；基于法律政策的事由则完全是基于社会现实的需要，这种事由既不具有道德上的合理性，也不体现刑法的人道性。因此，不同的辩护事由虽然都有无罪或罪轻辩护的功能，但其在刑法中的意义并不相同。我国刑法理论中也可借鉴美国刑法理论中的分类方法，将辩护事由分为正当化事由、可宽恕事由和基于法律政策的事由。

三是新型辩护事由的探讨与采纳。我国刑法学界对于辩护事由的探讨仍然比较谨慎，基本专注于传统犯罪成立理论的探讨。刑法是一门开放性学科，在社会发展与文明化的今天，我们应当吸纳社会进步的文明成果。我国学者对于安乐死的合法化问题进行了较为充分的探讨，虽然立法者还没有对安乐死表明态度，但学界对于安乐死的合法化已经基本取得一致，司法实践中安乐死在减轻被告人责任上也开始发挥作用。但对于恶劣的社会背景、文化辩护等新型辩护事由的探讨则较为缺乏。实际上，恶劣的社会背景并不只是美国公民可能面临的问题，在贫富分化较为突出的今天，我国公民仍然可能面临不利成长环境的问题。这种环境下成长的公民在人格形成方面受到不良的影响，其价值观会异化，继而实施违法犯罪行为。因而这些人走上犯罪的道路有着不可归责于其自身的原因，他们也是这些原因的受害者，恶劣的成长环境或社会背景事由不应当在刑事诉讼的过程中被忽视。同样，我国是一个多民族国家，各民族有自己的文化传统和风俗习惯，这种文化因素的差异会影响行为人对行为性质、后果的认识，在一个民族文化中的合规则行为可能在另一个民族文化中却具有危害性。而且，对外交往日益频繁的今天，来中国求学、工作、旅游的外国人或无国籍人越来越多，他们在自己的文化环境中长大，其行为意识和规则与中华文化有异。在处理刑事案件时，我们不应当忽视不同民族、不同国家间的文化差异，不能忽略这种文化差异在行为人主观恶性认定中的重要影响。因而文化辩护也是我国刑法理论所要探讨的问题。

结　语

美国是实行对抗制刑事诉讼的国家，被告人在刑事诉讼中具有重要的地位。这种地位很大程度上通过辩护事由的提出、证明与反驳体现出来。辩护事由是辩护的内容，被告人在刑事诉讼中均是围绕辩护事由展开辩护，通过辩护事由否定犯罪的成立或降低自己的刑事责任。刑法理论界对于辩护事由的分类虽然有不同的观点，但对于正当化事由和可宽恕事由的理解有基本的共识。随着社会的发展，除传统的辩护事由外，还出现了一些新的事由。这些新的事由虽然没有得到学界一致的赞同，也没有得到法庭的采纳，但由于其具有内在的合理性，这些新的事由随着时间的推进也可能会成为法庭接受的辩护事由。我国可以借鉴美国刑事辩护事由理论的合理之处，洋为中用，为我国刑法中辩护事由理论的完善提供思考的方向。

美国刑法中的文化辩护及其启示[*]

摘　要：文化辩护是随着美国移民增加和文化多元而凸显出的一种新型刑事辩护。20 多年来，美国法律学者中赞成者与反对者对文化辩护各执一词。从美国司法实践来看，赞成者的观点逐渐被部分法院接受，一些州法院甚至联邦法院在刑事案件中采纳了文化证据。文化辩护现在还不是一种独立、正式的辩护类型，往往是与传统类型的辩护结合使用。文化证据既可以在审前程序和庭审程序中起作用，也可能在执行程序中发挥作用。文化辩护可以在辩诉交易中降低控方指控或在审判中使被告人获得轻罪甚至无罪判决，还可能导致被执行人提前假释。文化辩护的案件处理过程中，关于文化的专家证言起着关键作用。美国刑法中的文化辩护具有一定的合理性，对完善我国相关的辩护制度不乏启示意义。

关键词：文化辩护；文化多元；社会危害性；文化证据；专家证人

美国是一个多种族的移民国家。根据美国 2010 年人口普查的资料，美国纯白种人约 2.236 亿人，黑人或非洲裔约 0.389 亿人，亚洲裔约 0.147

---

* 本文发表于《现代法学》2016 年第 3 期。

亿人，印第安人和阿拉斯加人约 0.029 亿人，还有一些其他的人种❶。这种人种上的聚合带来的是文化上的多元化，而文化的多元又会与法律规则一致性的要求发生矛盾。在刑事领域中也会出现文化冲突：一些少数族裔根据他的文化标准、价值观念实施的行为却可能因为体现占主体地位群体的文化标准、价值观念的法律禁止这种行为而构成犯罪。❷ 根据不同文化标准评价行为人是否具有犯意、行为是否构成犯罪、刑事责任的大小，其结论可能相差甚远。文化差异能否在刑事审判中得到认可，文化证据能否在刑事案件中得到采纳，美国法学界对此争议很大，正如某学者所言："在过去的 20 年中，文化辩护在美国（但不限于美国）法律学者中引发了极大的争议。"❸ "最大的争议在于被告人在辩护中是否能够以及在多大程度上依靠他的文化背景。"❶

一、文化辩护的由来及解读

（一）文化辩护的由来

美国是实行对抗制（adversarial process）刑事诉讼的国家。由控方指控被告人涉嫌构成犯罪，并将案件证明到表面成立（prima facie）的程度。被告方为了维护自身的利益，通常会基于事实和法律，对自己无罪或罪轻提出辩护意见。辩护方在刑事诉讼中与控方直接对抗，在发现刑事案件的法律真实中发挥着重要作用。因此，美国刑事辩护制度极为发达，刑事辩护的种类也多种多样。在美国传统的刑事辩护中，有无罪辩护和轻罪辩

---

❶ Population of the United States by Race and Hispanic/Latino Origin, Census 2000 and 2010. http://www. infoplease. com/ipa/A0762156. html. （2015 年 3 月 11 日访问）

❷ Tamar Tomer - Fishman, "'Cultural Defense', 'Cultural Offense', or no Culture at All?: An Empirical Examination of Israeli Judicial Decisions in Cultural Conflict Criminal Cases and of the Factors Affecting Them". 100 *J. Crim. L.* & Criminology, 475 – 476 (2010).

❸ Sigurd D'hondt, "The Cultural Defense as Courtroom Drama: The Enactment of Identity, Sameness, and Difference in Criminal Trial Discourse. 32 *Law & Soc. Inquiry*, 67, 67 (2010).

❶ James C. Fisher, "Role of Morality in Cultural Defense Cases: Insights from a Dworkinian Analysis". *Birkbeck L. Rev.* 281, 281 (2013).

护，有实体辩护和程序辩护，有基于正当化事由的辩护、可宽恕事由的辩护与法律政策的辩护事由的辩护等。刑事辩护中的具体辩护事由包括正当化事由，如正当防卫、紧急避险、意外事实、警察圈套、执行职务、体育竞技、医疗行为、机械故障、被害人同意等；可宽恕事由，包括未成年、精神病或缺陷、梦游症、自动症、失忆症、醉态、认识错误、受胁迫、受挑衅等；基于法律政策的辩护事由，如外交豁免、司法（或行政）赦免、超过诉讼时效等。因此无论是从辩护类型还是辩护事由来看，美国传统刑事辩护中都没有文化辩护的提法与地位。

历史上英美法系国家的刑事法院并不承认被告人的文化与社会主流文化的分野，也不接受文化差异作为一种独立的、实体辩护事由。❶例如在 1836 年英国的 Rex v. Esop❷ 案中，一个巴格达人被指控犯有兽奸罪，但被告人声称在他的国家中这种行为不构成犯罪。尽管辩护人向法庭提供了关于被告人的文化信息，但法庭并没有因此而减轻被告人的刑事责任。与英国刑法有着渊源联系的美国刑法曾经也不考虑移民的文化因素。美国联邦最高法院在 1871 年 Carlisle v. United States❸ 案的裁判中，曾引用美国前国务卿 Daniel Webster 在 1851 年所说的话："每个在外国出生但生活在本国的人都应当服从于这个国家，只要他仍然居住在这个国家。仅仅是因为他居住在这个国家的事实，他获得了临时的保护，也有义务像本国公民一样遵守居住地的法律。"❹直到 20 世纪 20 年代，美国法院才开始采纳基于文化差异的辩护。美国之所以从否认到承认文化差异在刑事案件中的影响，是因为移民越来越多，基于文化相对主义（cultural relativism）的理念，文化多元化（cultural pluralism）表现日益突出。这种文化差异导致了文化的受众在行为心理上的不同，以致刑事案件中文化冲突也日益凸显。有人统计，在 20 世纪 80 年代的法律案件中，有 2% 的案件在处理中存在文化冲

---

❶ Note, "The Cultural Defense in the Criminal Law". 99 *Harv. L. Rev.* 1293, 1293（1986）.

❷ 7 Car. & P. 456, 173 Eng. Rep. 203（1836）.

❸ Carlisle v. United States, 83 U. S. 147（1872）.

❹ John Alan Cohan, "Honor Killings and the Cultural Defense". 40 *Cal. W. Int'l L. J.* 177, 223（2010）.

突的事实。[1] 文化差异导致的刑事案件在处理上的困难也越来越受到法学界的关注。在 1985 年的一个亚洲移民的刑事案件——People v. Kimura[2] 中，检察官使用了一个叫作"文化辩护"的新理论。[3] 1986 年发表在美国哈佛大学法学评论上的一篇文章新造了"文化辩护"这个词汇[4]。自此，实务人员和理论学者对这一辩护的优缺点进行了长期的辩论。[5]

（二）文化辩护解读

由于文化辩护出现的时间尚短，对"文化辩护"的把握上学者间仁者见仁、智者见智。有学者就明确指出："文化辩护"这一概念本身就是容易使人误解的。[6] 但即使如此，仍然有一部分学者尝试对其进行界定。有学者认为，文化辩护是一种运用于移民的被告人解释自己的行为不构成犯罪或主张减轻处罚的法律策略。[7] 有学者认为，文化辩护是指任何在刑事案件中运用文化证据证明被告人行为正当、证明被告人行为不具有刑事可罚性或减轻被告人刑事责任的情况。[8] 还有人认为，"文化辩护"通常是指被告人可以提出文化证据以表明他在行为实施时的心理状态或意图。[9]

---

[1] Note, "The Cultural Defense in the Criminal Law". 99 *harv. l. rev.* 1986（6）：1293.

[2] Record of Court Proceedings, People v. Kimura, No. A - 09113（Super. Ct. L. A. County Nov. 21, 1985）.

[3] Julia P. Sams, "The Availability of the 'Cultural Defense' as an Excuse for Criminal Behavior". 16 *Ga. J. Int'l & Comp. L.* 335, 335（1986）.

[4] 当然，文化因素在刑事案件中影响案件的判决，在美国最早可以追溯到 19 世纪后期。例如 1883 年美国联邦最高法院在 Exparte Crow Dog［109 U. S. 556, 570 - 72（1883）］案中认为，一个印第安人被指控在保留区内谋杀另一个印第安人不适用联邦刑法，而适用当地部落法。但两年后，法律规定进行了修订，认为印第安人与其他人同样适用联邦法律。John Alan Cohan, "Honor Killings and the Cultural Defense", 40 *Cal. W. Int'l L. J.* 177, 224（2010）.

[5] Naomi Mendelsohn, "At the Crossroads: The Case for and Against A Cultural Defense to Female Genital Mutilation". 56 *Rutgers L. Rev.*

[6] Kristen L. Holmquist, "Cultural Defense or False Stereotype?". 12 *Berkeley Women's L. J.* 45, 61（1997）.

[7] Alice J. Gallin, "The Cultural Defense: Undermining the Policies Against Domestic Violence". 35 *B. C. L. REv.* 723, 735（1994）.

[8] Nancy S. Kim, "Blameworthiness, Intent, and Cultural Dissonance: The Unequal Treatment of Cultural Defense Defendants". 17 *U. Fla. J. L. & Pub. Pol'y.* 199, 200（2006）.

[9] Naomi Mendelsohn, "At the Crossroads: The Case for and Against a Cultural Defense to Female Genital Mutilation". 56 *Rutgers L. Rev.* 1011, 1020（2004）.

从这些定义中，我们可以看出，文化辩护首先是基于文化因素提出的。"文化辩护将两个独立存在的概念——文化和法律标准的最重要方面联系在一起。"❶ 文化是一种包括在一个社会中占主体地位的知识、道德和美学标准的观念系统，它也是一种交际行为的方式。❷ 文化是人内在的道德标准和是非尺度。"无论个人以什么样的方式接受他所在社会的典型文化元素，他一定会将其内化，这个过程叫作同化（enculturation）。甚至最不依习俗而行的人都无法逃离他们文化的影响。文化的影响是如此之深，甚至精神病人的行为都强烈地反映出文化的特征。"❸ 一个在本国法律文化中遵守法律的被告人在其他法律文化下可能会实施犯罪行为，因为他的价值观迫使他这么做。当法律背后的道德价值内化为个人行为准则时，法律更为有效。一个公正的法律制度应当考虑各个被告人的道德维度❹ 人类的行为特征在某种程度上受其社会和文化背景决定。"不同的社会阶层、种族群体、宗教群体、国家，其信仰、观念、价值和生活方式的差异极为明显。"❺ 因此，文化的差异导致行为人对行为价值标准的理解差异，但行为人根据本属于自己的文化实施的行为却可能会被其他的文化所禁止。这种情况下，许多学者认为，少数族裔中支配行为人行为的文化应当能在主流文化范围内作为刑事诉讼的证据使用，以确定行为人的行为意图和心态，从而证明行为人罪的有无或轻重。

其次，文化辩护的适用对象主要是外国移民或新来到美国的人（以下统称为外国移民）。即使是外来族裔，如果其本身就出生在美国、成长在美国，在学校、社区等接受的都是美国的文化，也就不会因为文化的差异

❶ Maria Beatrice Berna, "Cultural Defense: Possible Correlations and Applicatiotns Within the Framework of Wommen's Rights", 4 *J. L. & Admin. Sci.* 191, 191 (2015).

❷ LeVine, R., Properties of Culture: An Ethnographic View. In Schweder, R. and LeVine, R., *Cultre Theory: Essays on Mind, Self, and Emotion*, Cambridge: Cambridge University Press, 1984, p. 67.

❸ Ralph Linton, *Tree of Culture*, New York: Alfred A. Knoff Inc., 1955, p. 39.

❹ Carolyn Choi, "Application of a Cultural Defense in Criminal Proceedings", 8 *UCLA Pac. Basin L. J.* 80, 86 (1990).

❺ Marshall H. Segall, ET AL., *Human Behavior in Global Perspective: an Introduction to Cross-Cultural Sychology*, New York: Pergamon Press, 1990, p. 67.

而出现价值观念上的不同，行为标准也就不会有差异。因此，文化辩护主要适用于不是出生在美国的外国移民。在解读文化辩护时，有人甚至强调文化辩护适用的主体是新移民的被告人。例如有学者认为：文化辩护中新来者（new comer）的行为是他们自己国家的文化所塑造，他们没有美国刑法中规定的构成犯罪所需的必要的心理状态。❶

最后，文化辩护只适用于特定刑事案件中。随着国家间文化交流日益频繁，相互的文化渗透、借鉴使文化不断出现趋同与融合的趋势。从法律文化上看，法律观念、价值、规则也在国与国之间的交往中相互影响，法律文化的趋同日益凸显。因此，就法律规则而言，各国法律规定在众多领域都大同小异，也就不存在国家间刑事法律文化的全面、根本性冲突。这种情况下，从国外来到美国的移民就不会在美国刑事法前无所适从。因而并不是在所有的刑事案件中这些被告人都会提出文化辩护。当然，这种文化的融合只是大体地融合，不是整体同一，因此不同文化圈中文化的内容还是会有差异。只有存在文化冲突的刑事案件才可以适用文化辩护。实证研究表明，文化冲突主要存在于一些与家庭荣誉（family honor）、重婚、离婚、血亲复仇、传统医疗、巫术、礼射（celebration shooting）等有关联的案件中。❷

二、学界关于文化辩护的争议

有学者说，一旦提到文化辩护，人们便会立即提出四个突出的问题：一是确定什么样的被告人群体可以提出这一辩护；二是如何保持刑法对移民的一般预防功能；三是如何保持刑法对大多数人的公平；四是如何维护罪刑法定原则（principle of legality）。❸从美国法学界对于文化辩护的态度

---

❶ Sherman, "Legal Clash of Cultures", *NAT'L L. J.* 5, 1 (1985).

❷ Tamar Tomer‑Fishman, "'Cultural Defense', 'Cultural Offense', or no Culture at All?: An Empirical Examination of Israeli Judicial Decisions in Cultural Conflict Criminal Cases and of the Factors Affecting Them", 100 *J. Crim. L. & Criminology*, 475, 496 (2010).

❸ Julia P. Sams, "Tht Availability of the 'Cultural Defense' as an Excuse for Criminal Behavior", 16 *Ga. J. Int'l & Comp. L.* 335, 345 (1986).

看，反对者与赞同者之间的争议主要围绕这些问题展开，但并不限于这几个方面。

（一）文化辩护反对论

1. 不知道法律不是宽恕的理由

新移民美国的人提出文化辩护最有力的理由在于，他们是从国外新移民来美国的，不在美国出生、成长，自己原来国家的价值观念、道德准则和行为规则影响和决定着自己的行为，不熟悉体现美国价值观念、道德准则的法律规定。反对者认为，法律格言早已阐明"不知法律不是宽恕的理由"（Ignorance of the law is no excuse）。"这一格言经常用来警告那些身处法庭的人，不要主张自己不知道特定法律的存在或对法律规定了解不充分，因为法庭不赞同公民不知法律的主张。"[1] 而且，如果承认文化辩护则会使"不知法律"成为罪刑法定原则的例外而与该原则相矛盾。[2] 有学者声称：大多数人第一次听到文化辩护时，因担心它会导致无政府主义而拒绝它。如果每个人都能主张法律的例外，那么法律将无力将社会紧紧联系在一起。少数族裔应当改变他们的行为以使其行为与所在地的法律相一致。[3] 拒绝文化辩护将鼓励移民对归化地的法律进行了解。[4]

2. 文化辩护违反了平等原则

平等原则是美国的一个宪法性原则。一方面，平等保护不能考虑被保护人的种族、性别或来自什么国家。如果被告人基于自己主观的信念实施的违法行为受到宽恕，那么社会上其他人的权利和对自己行为后果的预测性将受到损害。因此，文化辩护通过给予移民被告人特殊优惠的处遇会歧视社会上的其他民众。而且，"文化辩护给予移民被告人以免予定罪或从

---

[1] Jennifer L. lair - Smith, "Ignorance of the Law is no Excuse: Distinguishing Subjective Intent From Mistake of Law in State v. Barnard", 1 *Charlotte L. Rev.* 331, 335 (2009).

[2] Julia P. Sams, "The Availability of the 'Cultural Defense' as an Excuse for Criminal Behavior", 16 *Ga. J. Int'l & Comp. L.* 335, 351 - 352 (1986).

[3] Alison Dundes Renteln, *The Cultural Defense*, New York: Oxford, 2004, p. 5.

[4] Carolyn Choi, "Application of a Cultural Defense in Criminal Proceedings", 8 *UCLA Pac. Basin L. J.* 80, 89 (1990).

宽处罚的机会，那么这些行为的被害人就无法得到平等的保护"❶。"考虑某人的文化背景根本上与法官考虑诸如性别、年龄、心理状态等其他的社会特征没有区别。"❷ 另一方面，平等原则要求平等遵守法律规定。居住在美国的移民应当遵守美国的法律和习惯。"行为地法律（lex loci）必须适用。不能允许他们躲在他们文化传统的背后。如果一个美国人去新加坡并违反了当地的法律，他将会根据当地的法律受到惩罚。同样的标准应当适用于在美国的新加坡人。"❸ "尽管不承认文化辩护对移民的被告人而言可能会不公正，但承认文化辩护对大多数被告人而言是不公正的，因为他们无法适用这一辩护。"❹

3. 文化辩护可能被滥用

文化辩护的存在通常适用于行为受到国外文化影响的群体，但这一群体难以确定。首先，文化本身并不是如磐石一样固定不动地、静态地存在。"文化"和"传统"的定义和意义随着时间的变化而变化，并取决于其背景情况。"哪些群体的人能够说他们具有可以适用文化辩护的'文化'？为什么？""如何在时间、空间和人群方面确定文化的边界？"❺ 例如，有学者担心，移民到美国的儿童受到父母的虐待后，作为责任人的父

---

❶ 文化辩护经常受到女权主义者的反对，因为这些犯罪的受害人经常是妇女和儿童。Nancy S. Kim, "Blameworthiness, Intent, and Cultural Dissonance: the Unequal Treatment of Cultural Defense Defenants", 17 *U. Fla. J. L. & Pub. Pol'y*, 199, 199 (2006). 事实上，女性和儿童往往是文化辩护案件中被指控行为的受害人。以女性的割礼（female genital mutilation）为例，2005 年 11 月 25 日联合国发表的《改变具有伤害性的社会习俗——妇女生殖器摧残》报告中称，全球每年仍有 300 万名女童遭受生殖器切割。美国于 1996 年成文法禁止对女性实施割礼，并将其列为犯罪行为。但移民到美国的人中仍然有人保持原有习俗，对女性实施割礼的行为。例如，2003 年，一个名叫 Khalid Adem 的被告人因为毁损女性生殖器而被捕；2004 年住在南加州的一对夫妇也因为毁损女性生殖器而被捕。在这两个案件中，被告人均提出了文化辩护。

❷ Alison Dundes Renteln, "Tht Use and Abuse of the Cultural Defense", 20 *Can. J. L. & Soc.* 47, 48 (2005).

❸ J. Tom Morgan & Laurel Parker, "The Dangers of the Cultural Defense", 92 *Judicature*, 206, 206 (2009).

❹ Carolyn Choi, "Application of a Cultural Defense in Criminal Proceedings", 8 *UCLA Pac. Basin L. J.* 80, 87 (1990).

❺ Valerie L. Sacks, "An Indefensible Defense: of the Misuse of Culture in Criminal Law", 13 *Ariz. J. Int'l & Comr. L.* 523, 534 (1996).

母在面临虐待儿童的指控时可能用文化辩护来逃脱被定罪或获得从轻惩罚。[❶] 因此，基于文化而进行的辩护也就处于一个完全不确定的状态。其次，如何明确地划出可以提出文化辩护的被告人的范围将是一件非常困难的工作。[❷] 如果说新移民或刚到美国的人行为受到原文化的影响而可以提出文化辩护的话，那么在美国居住多久就可以说了解美国文化，自己原有文化不影响其价值观念和行为规则了？在 People v. Kimura[❸]案中，被告人在美国已经生活了 14 年，辩护人仍然提出了文化辩护。为了社会秩序的目的，可接受行为与不可接受行为的区分标准应当是客观的。社会应当建立在法律的权威之上。应当对刑法进行客观的解释，而不能像允许文化辩护一样主观地加以解释。"当前并没有被告人提出文化辩护的指南或程序保障，文化证据的提出在每个案件中都不相同。这会导致官员们在文化冲突案件中自由裁量权的任意适用。"[❹]

4. 文化辩护不利于实现刑法目的

一般预防是刑法的重要目的。反对者认为文化辩护的出现成了实现刑法目的的障碍。例如有学者认为：基于移民被告人的文化而宽恕这些被告人，会给移民传递这样一种信息，即他们无需遵守所在地的刑法，刑事司法制度会宽恕他们的错误行为。这样，文化辩护对刑法预防犯罪的功能会有消极影响，这对社会安全也不利。[❺] 特别是这类案例通常由媒体高度曝光，无疑会增加移民对文化辩护宽恕危害行为的了解。同时，"那些因为文化的原因而被迫实施某种犯罪行为的人无论是否给予文化辩护的机会刑

---

❶ R. Lee Strasburger, "Best Interests of The Child: The Cultural Defense as Justification for Child Abuse", 25 *Pace Int'l L. Rev.* 162, 162 (2013).

❷ Carolyn Choi, "Application of a Cultural Defense in Criminal Proceedings", 8 *UCLA Pac. Basin L. J.* 80, 89 (1990).

❸ Kimura 案 [No. A-091133 (Santa Monica Super. Ct. Nov. 21, 1985)] 发生于 1985 年。一名生活在加利福尼亚州的日本裔妇女发现她的丈夫有外遇后杀死了自己的两个孩子并试图自杀。辩护人提出被告人自杀是因为在日本传统文化中，孩子是母亲身体的一部分，而且妇女可以处理自身以免被丈夫的不忠行为羞辱。

❹ Carolyn Choi, "Application of a Cultural Defense in Criminal Proceedings", 8 *UCLA Pac. Basin L. J.* 80, 86 (1990).

❺ Sharon M. Tomao, "The Cultural Defense: Traditional or Formal?", 10 *Geo. Immigr. L. J.* 253 (1996).

法的预防犯罪功能对他们都不起作用"❶。

(二) 文化辩护赞成论

1. "不知法律不是宽恕的理由"并不是一个绝对规则

"不知法律不是宽恕的理由"的法律格言并不是绝对的。"该格言有时与刑法的基本原则是冲突的，因为刑法认为道德上不具有过错的行为不应当受到惩罚。不知法律不是宽恕的理由这一规则应当进行重构，即合理的不知法律不能作为不相关的刑法事实而排除。"❷ "当不知法律否定了指控的犯罪所必需的心理状态的存在时"，不知法律就可以成为辩护事由。❸《美国模范刑法典》2.04（3）也对这一格言作了例外性的规定。该刑法典的评述者也认为，当某人既不知道其行为的犯罪性也没有合理的途径知道相关信息，那么就不得惩罚这个人。在美国刑法中，危害行为与犯意是两个不可或缺的表面成立条件❹。正如有的学者所言："一般来说，犯罪包括两方面的要素：危害行为（actus reus），即犯罪的物理或外部特征；犯意（mens rea），即犯罪的心理或内在特征。"❺ 在证明犯意时，虽然控方并不要证明被告人意图违法，但一些成文法要求控方证明被告人在实施行为时具有特定的心理状态（即特定的犯罪意图），没有这种心理状态就不能认定构成犯罪。实际上，行为人行为时的心态往往受到价值观念、风俗习惯、宗教信仰等文化因素的影响，某一种文化所禁止的行为在另一种文化中却是被许可、包容甚至鼓励的。新移民美国的人往往受原来文化的支配很难短时间内适应美国文化的要求。因此，按美国刑法规定的具有犯意的

---

❶ John Alan Cohan, "Honor Killings and the Cultural Defense", 40 *Cal. W. Int'l L. J.* 177, 248 (2010).

❷ Kumaralingam Amirthalingam, "Ignorance of Law, Criminal Culpability nad Moral Innocence: Striking a Balance Between Blame and Excuse", 2002 *Sing. J. Legal Stud.* 302, 302 (2002).

❸ W. Lafave & A. Scott, *Handbook on Criminal Law*, St. Paul, MN: West Publishing Co. 1972, p. 356.

❹ 美国刑法中的犯罪成立条件包括表面成立条件和实质成立条件两个方面。参见赖早兴：《美国犯罪成立要件与证明责任分配》，《法学家》2007 年第 3 期。

❺ Joshua Dressler, *Understanding Criminal Law*, New York: Matthew Bender & Company, Inc., 2009, p. 85.

行为人完全可能事实上不存在成立某种犯罪所要求的犯意。有学者主张："文化辩护通常是当作一个可宽恕事由而运用。行为人实施的行为是违法的，但因为行为人缺乏构成某罪所需的可责性的心理要素而被宽恕。"❶ 而且，在文化辩护的案件中，"文化辩护要求被告人基于他们自己文化背景中确定的、惯常的规则进行辩护，而不是仅仅依据对主流文化不了解"❷。

2. 文化辩护是实质平等的要求

法律平等包括形式平等与实质平等❸。刑法中的实质平等就是在遵守刑法基本原则的前提下实行刑事司法个别化原则（principle of individualized justice），在刑事案件的处理中考虑案件的具体情况作出合理的判决。对于文化辩护的赞同者来说，平等对待仅仅意味着：法律制度并非统一地适用，而是根据个人的不同情况不同适用。❹ "为了达到每个被告人的个别正义，对其惩罚的尺度应当与其可罚性的程度相一致。在法律的限度内惩罚一个对特定法律不了解的人是不公正的。若被告人没有与他人有同样的机会在文化环境中成长以了解或学习法律，那么归罪于一个不了解法律的人就是不公正的。法律中应当考虑这一因素，以达到对被告人的个别公正。"❺

在美国长大的人，有一系列的社会力量（如学校、社区、教会等）传授法律知识、培养价值观念，美国本土的价值观念、法律意识在他们脑海中逐渐根深蒂固。但新近移民来美国的人却没有得到相应社会化力量的帮助，因而缺乏同样的法律知识、价值观念的积累，在相当长的时间内他们脑海中根深蒂固的是他们原来所在国家的价值观念和法律准则。"对长期生活在美国的人和新近移民美国的人采取同样的标准而对其差异视而不

---

❶ Carolyn Choi, "Application of a Cultural Defense in Criminal Proceedings", 8 *UCLA Pac. Basin L. J.* 80, 86 (1990).

❷ James M. Donovan & John Stuart Garth, "Delimiting the Culture Defense", 26 *Quinnipiac L. Rev.* 109, 112 (2007).

❸ 赖早兴：《刑法平等论》，法律出版社 2006 年版，第 94—96 页。

❹ Sam Beyea, "Cultural Pluralism in Criminal Defense: an Inner Conflict of the Liberal Paradigm", 2 *Cardozo Pub. L. Pol'y & Ethics J.* 705, 719 (2014).

❺ Carolyn Choi, "Application of a Cultural Defense in Criminal Proceedings", 8 *UCLA Pac. Basin L. J.* 80, 86 (1990).

见，显然是不公平的。"[1] 在刑事指控中不让新近移民提出文化证据对他们是不公正的，因为他们没有充分的时间吸收和理解本地的刑事法律。[2]

3. 文化辩护是保持文化多元的需要

文化多元是国际文化相互交流和借鉴的结果。文化多元化的前提是承认文化相对主义。文化相对主义认为道德原则是相对的，因而不存在一体适用（one – size – fits – all）的道德[3]。它"要求承认多元社会道德体系的存在"[4]。文化多元化"意味着每一个少数群体都有权保持某种文化价值，因而维持自己的认同感"[5]。从法律文化的角度看，当移民和难民到达一个新国家时，他们带来的是原有的法律文化与法律传统。这些法律传统与新国家已经存在的法律也存在汇合的过程，这必然会导致法律的多元化。"多数群体不能仅仅因为存在的差异而惩罚少数族裔。如果一个法律制度因为被告人遵守自己的文化而惩罚他，那么这个法律制度发出了这样一个信息：被告人的文化是低下的。"[6] 只有将文化辩护作为一种独立、正式的辩护才能有效地防止主流社会用刑事司法制度损害文化的多样性。[7] 承认文化辩护是美国保持文化多元必不可少的，通过保持少数民族的重要价值，文化辩护有助于维护文化的多元性。[8]

在国际人权法中，所有的国家都有义务保护公民的文化权利。联合国《公民权利与政治权利国际公约》第 27 条规定：在那些存在着人种的、宗

---

[1] Kristen L. Holmquist, "Cultural Defense or False Stereotype?", 12 *Berkeley Women's L. J.* 45, 63 – 64（1997）.

[2] Naomi Mendelsohn, "At the Crossroads: the Case for and Against A Cultural Defense to Female Genital Mutilation", 56 *Rutgers L. Rev.* 1011, 1020（2004）.

[3] John Alan Cohan, "Honor Killings and The Cultural Defense", 40 *Cal. W. Int'l L. J.* 117, 225（2010）.

[4] Alison Dundes Renteln, "Corporal Punishment and the Cultural Defense", 73 *Law & Contemp. Probs.* 253, 256（2010）.

[5] Note, "The Cultural Defense in the Criminal Law", 99 *Harv. L. Rev.* 1293, 1373（1986）.

[6] Carolyn Choi, "Application of a Cultural Defense in Criminal Proceedings", 8 *UCLA Pac. Basin L. J.* 80, 88 – 89（1990）.

[7] Anh T. Lam, "Culture as a Defense: Preventing Judicial Bias Against Asians and Pacific Islanders", 1 *Asian am. Pac. Is. L. J.* 49, 49（1993）.

[8] Naomi Mendelsohn, "At the Crossroads: The Case for and Against a Cultural Defense to Female Genital Mutilation", 56 *Rutgers L. Rev.* 1011, 1021（2004）.

教的或语言的少数人的国家中，不得否认这种少数人同他们的集团中的其他成员共同享有自己的文化、信奉和实行自己的宗教或使用自己的语言的权利。就享受文化权利而言，至少移民到其他国家的人有机会告诉法庭促使他实施了行为的文化与新国家的文化明显是冲突的。因此，为了文化权利的实现，应当构建文化辩护制度。[1]

4. 文化辩护的滥用可以防止

文化辩护并不是任何人在任何案件中都可以提出。什么情况下可以提出文化辩护呢？有学者认为：在文化为被告人的行为提供了可供选择的、非犯罪的解释时，或当文化性的要求将被告人置于特别压力之下、无法作出选择时[2]，法庭应当考虑文化证据。相反，如果被告人主要意图是伤害其他的人，他仅仅宣称文化认可他的这种暴力行为时，法庭应当拒绝宽恕他。[3] 这只是一个基本的原则或理念，具体制度上应当考虑得更为细致。有学者提出，为防止文化辩护的滥用，法庭应当考虑三个基本问题："一是诉讼当事人是少数族裔的成员吗？二是这个群体是否存在这样的传统？三是诉讼当事人行为时受到了这一传统的影响吗？"[4] 基于此，一个提出文化辩护的案件应当具备三方面的条件：一是存在文化原因，二是自己的文化认可这种行为。在文化认可理论下，被告人承认自己实施了违法行为，但他主张不应当承担美国刑法所规定的刑事责任，因为他本国的文化认可或宽恕这种行为。三是文化要求，即自己国家的文化迫使或要求他有义务做出某些行为。

5. 文化辩护不会妨碍刑法目的的实现

文化辩护与传统的其他辩护类型不同，它只能在少数、特定的案件中

---

[1] Alison Dundes Renteln, "The Use and Abuse of the Cultural Defense", 20 Can. J. L. & Soc. 49, 49 (2005).

[2] 例如在伊斯兰文化中，一个父亲如果在是否杀死他未婚怀孕的女儿上犹豫不决，将会被村民嘲笑。他将会承受无法忍受的羞辱，直到他向这种压力屈服。John Alan Cohan, "Honor Killings and the Cultural Defense", 40 *Cal. W. Int'l L. J.* 177, 230 (2010).

[3] Kay L. Levine, "Negotiating the Boundaries of Crime and Culture: A Sociolegal Perspective on Culture Defense Strategies", 28 *Law & Soc. Inquiry*, 39, 80 (2003).

[4] Alison Dundes Renteln, "The Use and Abuse of the Cultural Defense", 20 *Can. J. L. & Soc.* 47, 48–49 (2005).

提出。"能够适用文化辩护的犯罪非常少，所以文化辩护的适用不会损害刑法的一般预防功能。"❶ 而且，刑法的另一个目的在于惩罚犯罪，惩罚的尺度就是罪刑均衡。"正是罪刑均衡的观念为文化辩护提供了正当化理由。如果被告人的行为受到文化因素的激励，那么其应当受谴责性就小，因此其应受的惩罚就要轻。"因此，从这个方面看，文化辩护不是妨碍了刑法目的的实现，而是有助于刑法目的实现。

三、司法实践中的文化辩护

曾经有学者断言："文化辩护作为非法行为的一种正式的宽恕理由当前只存在于法学理论界中，将来在美国任何司法区都不可能获得承认。"❷ 事实情况如何呢？从美国的司法实践来看，法院对于文化辩护有着完全不同的态度。有的法院完全不采纳文化证据。"在法庭中提出文化证据最大的障碍在于法官的这样一种观念：从其他文化中而来的人应当遵守居住地国家的标准。这个我称为'同化推定'（presumption of assimilation）。另一个严重的问题是，法官经常基于这与案件无关的理由拒绝考虑关于文化背景的证据。"有的法院则允许被告人在谋杀罪、强奸罪、儿童或配偶的虐待等犯罪的刑事审判中提出文化证据，而这种文化证据对案件的审理结果会产生很大的影响。采纳文化辩护的法院大多数是州法院，但也有联邦法院。例如，1991 年一个联邦上诉法院在 Mak v. Blodgett❸ 案的判决中认为："辩护律师没有提出文化辩护可以认定为辩护人的不尽责。"总体上，在过去的 20 年中，美国法院允许被告人在刑事诉讼的各阶段提出文化背景的证据已经成为一种增长的态势。❹

---

❶ Naomi Mendelsohn, "At The Crossroads: The Case for and Against a Cultural Defense to Female Genital Mutilation", 56 *Rutgers L. Rev.* 1011, 1023 (2004).

❷ Kristen L. Holmquist, "Cultural Defense or False Stereotype?", 12 *Berkeley Women's L. J.* 45, 61 (1997).

❸ 754 F Supp. 1490 (W. D. Wash. 1991).

❹ Naomi Mendelsohn, "At the Crossroads: the Case for and Against a Cultural Defense of Female Genital Mutilation", 56 *Rutgers L. Rev.* 1011, 1016 – 1019 (2004).

（一）文化辩护在刑事辩护中的地位

在刑事案件中采纳文化证据的法院现在并没有承认文化辩护是一种独立的辩护类型。"在指控犯罪或量刑时，被告人的责任能力应当被考虑。检察官或陪审团应当考虑被告人犯罪行为背后的文化因素，但不是作为正式、独立的文化辩护。"[1] 通常情况下，文化辩护与传统刑事辩护共同使用。"'文化辩护'在美国法学界还不是一个得到正式确认的积极辩护（affirmative defense），相反，'文化辩护'通常是指被告人可以提出文化因素以表明他在行为实施时的心理状态或犯意。实践中，文化辩护通常不是仅仅依据文化因素这一孤立的事实因素，相反，文化因素通常与一个或多个得到确认的刑事辩护（如精神病、受挑衅、法律错误等）相联系。"[2] 将文化因素在已经存在的辩护中运用比将其作为一般的、独立的辩护更具有策略性。[3] 有学者将其形象地概括为"文化 +"（culture – plus）模式，即在传统刑事辩护内使用文化因素。[4] 一般认为，司法实践中将文化辩护与传统辩护结合，体现了刑事司法制度已经在法律秩序与文化多元、司法个别化之间实现了协调。"移民被告人聘请的辩护人同样是其他所有刑事案件中被告人可以聘请的。任何被告人可以基于精神病辩护、能力减弱辩护、法律错误辩护和激情辩护而主张自己不具有实施某犯罪所需的犯意。因此，当刑事司法制度尊重文化多元和司法个别化中采纳了文化辩护，那么它就能维持当前法律秩序的标准。"[5]

---

[1] Carolyn Choi, "Application of a Cultural Defense in Criminal Proceedings", 8 *UCLA Pac. Basin L. J.* 80, 88 – 89 (1990).

[2] Naomi Mendelsohn, "At the Crossroads: the Case for and Agaomst a Cultural Defense to Female Genital Mutilation", 56 *Rutgers L. Rev.* 1011, 1020 (2004).

[3] Kent Greenawalt, "The Cultural Defense: Reflections in Light of the Model Penal Code and the Religious Freedom Restoration Act", 6 *Ohio St. J. Crim. L*, 229, 321 (2008).

[4] Naomi Mendelsohn, "At The Crossroads: the Case for and Against a Cultural Defense to Female Genital Mutilation", 56 *Rutgers L. Rev.* 1011, 1031 (2004).

[5] Sharon M. Tomao, "The Cultural Defenst: Traditional or Formal?", 10 *Geo. Immigr. L. J.* 241, 253 (1996).

　　司法实践中的一些案例证实了这种情况。例如 People v. Chen❶ 案中，一个生活在纽约的中国男子知道他的妻子有婚外情后用棍棒将妻子打死。在法庭审理中专家证言表明，根据传统的中国文化，一个妻子的淫乱行为给婚姻带来羞辱，也是丈夫个性懦弱的表现。审理法官认为："陈的行为是文化的产物……文化不是一个可宽恕事由，但它是使被告人更容易爆发的因素。这个文化因素正是爆发的因素。"❷ 法官认为被告人因挫折而心理失常，"这没有达到法定精神病的程度，但基于文化的因素，他妻子的行为对于一个生在中国、长在中国的人产生了影响"。本案最初的指控是二级谋杀，刑期从最低十五年监禁刑至终身监禁，后来实际指控的是二级过失杀人，刑期为最高十五年有期徒刑，最后法院判决的是缓刑五年。又如，在 People v. Wu❸ 案中，一位中国籍女子在得知其丈夫有外遇后杀死了自己的儿子，并试图自杀。辩护方提出了自动症（automatism）辩护和文化辩护。精神科专家证明被告人行为时意识处于朦胧状态。跨文化的心理学专家证言表明，被告人的感情沮丧只能根据其文化背景进行理解，她的行为有文化动机，她希望把她自己和儿子从羞辱和虐待中拯救出来，并在死后再相聚。但法官拒绝指示陪审团可以考虑被告人的文化背景证据，被告人被裁定构成二级谋杀罪。但在上诉审中被告人的文化辩护主张得到了法庭的支持。最后，被告人被裁定犯故意杀人罪，但获得了较轻的刑罚。

　　对于司法实践中将文化辩护与其他传统辩护结合而不给予其独立、正式的辩护地位，有学者提出了异议。"支持将文化辩护作为独立、正式的辩护的人认为，在一个所谓文化多元和司法个别化的国家，将文化辩护与传统的其他辩护结合的做法无法为移民被告人提供足够的保护。"❹ "在文化辩护还不是一个独立正式辩护的情况下，被告人可能主张他在实施错误行为时患有精神病。他的文化因素导致的对当时情况的理解将被当作精神

---

❶ No. 87 - 7774（N. Y. Sup. Ct. Mar. 21, 1989）.

❷ Diana C. Chiu, "The Cultural Defense: Beyond Exclusion, Assimilation, and Guilty Liberalism", 82 *Cal. L. Rev.* 1053, 1053（1994）.

❸ 235 Cal. App. 3d 614（Cal. Ct. App. 1991）.

❹ Note, "The Cultural Defense in the Criminal Law", 99 *Harv. L. Rev.* 1293, 1295（1986）.

病，他因此也会被贴上精神病人的标签。即使精神病辩护成功，被告人也会因为患有精神病而被长期民事关押。"❶ "独立、正式的文化辩护一个主要的好处在于，它将确保法庭考虑文化证据，而不是将关于采纳证据的适合与否的决定权留于个别法官，正式的政策将确保法院的门是对文化资料敞开的。"❷

（二）文化辩护起作用的阶段

一般认为，文化信息和专家证据可以在审判前或审判中作为与诉讼的争点相关问题被提出来。例如，文化证据可以在辩诉交易中或在定罪、量刑阶段作为与犯意、激怒的原因、理性、减轻罪责等相关的问题提出来。❸文化证据能影响审前程序中所作的决定，如是否需要逮捕，是否要进行辩诉交易。在审判阶段，被告人可以寻求提出文化证据以否定存在成立犯罪所需的要素，从而得到无罪判决；文化辩护也可以用以支持精神病辩护或受挑衅的辩护。在上诉审中，文化主张也可以下几种形式作为上诉理由：法官认为不相关而不当地排除了文化证据；法官拒绝给陪审团关于文化证据恰当分量的指示；在量刑阶段辩护律师没有提出文化因素作为考虑因素。

司法实践中的案例也表明，文化辩护在庭审前和庭审中均对行为人刑事责任的认定起着重要作用。我们首先来看一个文化辩护在辩诉交易中起作用的案例——People v. Moua❹ 案。本案中，一名居住在美国的名叫 Moua的老挝阿洪族男子被指控强奸和绑架一位老挝妇女。被告人声称他的行为不是犯罪，因为他实行的是老挝阿洪族传统的抢婚仪式（抓到妇女，将其带到自己家中发生性关系，成立婚姻）。辩护人提出了阿洪族这一文化仪式的证据。在辩诉交易中，被告人承认犯有非法拘禁罪，检察官将原来的

---

❶ Sharon M. Tomao, "The Cultural Defense: Traditional or Formal?", 10 *Geo. Immigr. L. J.* 241, 253 (1996).

❷ Alison Dundes Renteln, "The Use and Abuse of the Cultural Defense", 20 *Can. J. L. & Soc.* 47, 48 – 49 (2005).

❸ Kristen L. Holmquist, "Cultural Defense or False Stereotype?", 12 *Berkeley Women's L. J.* 63 – 64 (1997).

❹ No. 315972 – 0 (Fresno County Super. Ct. Feb. 7, 1985).

绑架和强奸指控降低为非法拘禁罪的指控。

我们再来看一个文化辩护在庭审中起作用的案例——Krasniqi 案❶。在本案中，被告人 Sam Krasniqi 是一个定居在美国的阿尔巴尼亚人，他在公共体育馆抚摸了他四岁女儿的生殖器。检察官认为这种抚摸行为是为了性满足，被告人构成性虐待犯罪。性虐待是一种特定意图的犯罪，即为了性满足，因此检察官必须证明被告人有这样一个意图。当被告人在得克萨斯州刑事法院被起诉时，一个阿尔巴尼亚文化研究的专家证明这种抚摸在该文化中表达的是爱的情感，而不是为了性满足。在庭审中，法院考虑了辩护人提出的文化辩护，随后裁定被告人无罪。

其实，文化辩护并不仅仅在庭审前或庭审中起作用，在案件判决后的刑事执行过程中，文化因素仍然会起作用。我们来看一个案例——State v. Chong Sun France❷案。本案中一个名叫 Chong Sun Franc 的韩国妇女被指控故意将她的儿子关在衣柜中致其死亡，但被告人声称他儿子的死是意外。在审理的过程中，被告方没有向陪审团提交文化证据，陪审团裁定被告人构成二级谋杀和虐待儿童罪，被判处二十年监禁。该案判决后，在美国的韩国妇女组织的群体运动指出，在刑事程序中应当考虑被告人的文化证据，韩国文化的专家证言证明对韩国人而言将自己的孩子独自留在家里没有人照看是通常的习惯做法，被告人没有杀害自己孩子的故意。假释 France 的申请人认为："France 女士将她的孩子独自留在家里是错误的，这违反了法律的规定，但考虑到文化差异，我相信他没有杀害她的孩子。"France 于 1992 年 12 月 31 日提前获得假释。这一提前假释就是因为法院没有允许陪审团考虑 France 文化背景证据而政府受到了极大压力的结果。❸

（三）文化证据的运用

文化辩护作为一种新型的辩护或新的辩护事由，涉及抽象的文化因

---

❶ Hugh Downs & Barbara Walters, "We Want Our Children Back", 20 /20 (18 August 1995)（Nexis）[Krasniqi].

❷ 379. E. 2d 701 (N. C. App. 1989).

❸ Sharon M. Tomao, "The Cultural Defense: Traditional of Formal?", 10 *Geo. Immigr. L. J.* 241, 242 (1996).

素，这对于从事法律工作的检察官、律师、法官甚至假释官等提出了新的挑战。在文化辩护的刑事案件中，"专家证据在文化辩护的案件中起着关键性的作用，它证明文化传统的存在，并有助于表明文化传统事实上在特定情形下是否对个人产生影响。没有专家证据的帮助，法庭很难在案件审理中理解提出的文化主张"。同时，辩护方通常会收集一些与被告人有同样文化背景的人的证言，以文化受众的身份说明自己对文化的亲身感受。例如，在 State v. Kargar❶ 案中，被告人是一个阿富汗的难民，住在缅因州，帮助邻居照顾小孩。一天邻居发现被告人亲自己 18 个月大孩子的阴茎，而且在被告人家里还发现了一张他亲孩子阴茎的照片，于是便报了警。被告人面对警察的调查承认自己亲了小孩阴茎的事实，但他辩称亲小孩的阴茎在他们的文化中是可以接受的通常做法。在法庭审理中，辩护方提供了一些了解阿富汗的人的证言，证明在阿富汗亲自己小孩身体的任何部位都是一种习俗和通常做法，这是为了表达对孩子的爱怜；而且，亲一下自己小孩的阴茎或将其整个放入口中都一样，并不是为了性的感受。辩护人还提供了包括亚利桑那大学近东研究中心 Ludwig Adamec 教授在内的一些专家的书面证言。❷ 在量刑阶段，一个伊斯兰教社区的牧师作证，证实被告人被定罪的行为在伊斯兰文化中是无罪的、适合的，并非性行为。所有这些证言都证明在伊斯兰法律中，被告人的行为既不是错误的行为，也不是性侵犯行为，被告人不知道他的行为在缅因州的法律中是非法的❸。

除专家证言外，其他一些人的证词或呼吁都会对文化辩护的案件产生影响。在 People v. Kimura 中，数千日本人签名呼吁，在日本对为免于家人的羞辱而与孩子一同自杀行为的指控不会超过过失杀人罪，通常判处的刑罚也非常轻，一般是暂缓量刑、缓刑等。在 State v. Chong Sun France 案判决后，在美国的一些韩国妇女组织了群众运用，呼吁在刑事程序中应当

---

❶ 679 A. 2d 81，1996 Me. 162，68 A. L. R. 5th 751.

❷ Joshua Dressler, *Understanding Criminal Law*, New York：Matthew Bender & Company, Inc., 2009, p. 719.

❸ 本案并没有在一审法院得到无罪判决。在上诉审中，缅因州最高法院基于文化辩护撤销了被告人的有罪判决。John Alan Cohan, Honor Killings and the Cultural Defense, 40 *Cal. W. Int'l L. J.* 2010（2），233.

考虑被告人的文化证据。这些都对案件的处理产生了积极的影响。

四、启示

我国是一个拥有 56 个民族的多民族国家❶，全国第六次人口普查数据显示，除港澳台之外的 31 个省、自治区、直辖市和现役军人的人口中，汉族人口约为 12.259 亿人，占 91.51%；各少数民族人口约为 1.1379 亿人，占 8.49%❷。我国各民族都有自己独具特色的文化，"从不同角度向世人展示着各自的发展历史文化心理伦理道德和审美意识"❸。这种文化上的差异，必然会导致行为人价值判断、思维习惯、行为方式等方面的差异，因而在行为的社会危害性认识上出现不同，在刑法中就应当有区别对待的措施。如有的少数民族男女一旦有了婚约，男方不管女方是否同意就硬行抢亲、强行同居；有些民族如拉祜族、哈尼族、傣族等广泛延续早婚传统，有些民族女孩 13 岁就举行成人礼，此后男子与其发生性行为或结婚都是习俗所允许的，不会受到社会的谴责和干预。❶ 如果这些行为均按我国刑法的规定作为犯罪处理，显然在刑法适用上会遇到很大的阻力。正因为如此，《刑法》第 90 条规定，民族自治地方可以由自治区或者省的人民代表大会根据当地民族的政治、经济、文化的特点和刑法规定的基本原则，制定变通或者补充的规定。这说明在我国刑事立法上承认了文化因素对行为人的影响。据统计，目前我国共建立了 155 个民族自治地方，其中包括 5

---

❶ 我国也是外国人入境人数众多的国家。根据国家旅游局的统计，2014 年 1 月至 12 月我国入境旅游外国人人数为 2636.08 万人。国家旅游局官网 http://www.cnta.gov.cn/html/2015-2/2015-2-2-10-54-94590.html（2015 年 5 月 11 日访问）；另外，国际移民组织发布的《世界移民报告 2013》显示，到 2011 年，在中国居住着 68 万多外国人. http://news.sohu.com/20130915/n386595531.shtml.（2015 年 5 月 11 日访问）这些人受其自身文化的影响，价值观念、行为习惯和方式等也会与我国公民不同。

❷ 在中国居住的外国人 10 年增长 35%.（2015-04-15）http://money.163.com/11/0428/10/72NHUULC00253B0H.html.（2015 年 5 月 11 日访问）

❸ 田联刚，赵鹏：《多元共生 和而不同——关于少数民族文化在中华文化格局中的地位思考》，《中南民族大学学报（人文社会科学版）》2015 年第 1 期。

❶ 郑鹤瑜：《论我国少数民族习惯法与刑法的冲突及其解决》，《中州学刊》2007 年第 2 期。

个自治区、30 个自治州、120 个自治县（旗）。在 55 个少数民族中，有 44 个建立了自治地方，实行区域自治的少数民族人口占少数民族总人口的 71%。❶ 如果这些地方根据《刑法》的规定结合本地的政治、经济和文化的特点制定变通或补充规定，文化因素对行为人的影响就会体现在刑事诉讼的过程中。但事实上，我国民族自治地方并没有充分运用《刑法》第 90 条的授权❷。从司法实践中看，我国最高司法机关和地方司法机关开始关注民俗对行为人的影响，如最高人民法院 2010 年发布了《关于进一步发挥诉讼调解在构建社会主义和谐社会中积极作用的若干意见》、江苏省高级人民法院 2009 年发布了《关于在审判工作中运用善良民俗习惯有效化解社会矛盾纠纷的指导意见》，但它们关注的是"善良风俗""善良民俗习惯"，并不是一般意义上的文化影响，因为文化并非都是善良风俗或民俗习惯。

如何在刑事诉讼的过程中充分考虑不同民族、种族的文化对行为人价值观念、行为方式等方面的影响，是我们必须深思的问题。虽然美国是多种族的国家，我国是多民族的国家，但两者共同的文化多元性特征决定了我们在法律制度的构建中可以相互借鉴。就刑法领域而言，美国刑事法中的文化辩护为我们重视刑事诉讼中的文化因素、构建完善的相关制度提供了思考的方向。笔者认为，我们可以从以下几个方面着力。

一是确立文化辩护事由在我国《刑法》中的地位。我国《刑法》规定的辩护事由主要是刑事责任年龄、精神病、正当防卫、紧急避险、犯罪停止形态、坦白、自首和立功等，尚无文化辩护的位置，甚至连学界都没有充分重视这一辩护事由。从美国的司法实践来看，有的司法区将文化辩护与其他传统辩护结合而不给予其独立、正式的辩护地位，有的做法与此相反。笔者认为，如果文化因素是与精神病、受挑衅、法律错误等传统辩护

---

❶ 民族区域自治制度. http://www.china.com.cn/chinese/MATERIAL/1002909.htm.（2015年3月12日访问）

❷ 根据陈兴良教授的说法，"但从目前情况来看，据我所知，还没有这种变通或补充的规定出台"。陈兴良著：《刑法疏议》，中国人民公安大学出版社 1997 年，第 198 页。2018 年 6 月 5 日晚，陈兴良教授做客对外经济贸易大学法学院"沈一冯法学名家讲坛"，讲授"罪刑法定：理念、体制和方法"。在回答学生提问时，陈老师仍然说，据他了解，现在各地仍未有出台这样的变通或补充规定。

事由共同作用，那么将其作为传统刑事辩护内的因素也无不可；但如果是文化因素单独起了作用，也应当允许辩护方单独提出文化辩护。

二是明确文化辩护证据可以适用的阶段。刑事诉讼（公诉）分为侦查、审查起诉、提起公诉、法庭审理、执行等阶段。在美国刑事诉讼中，文化信息和专家证据一般在审判前或审判中作为与诉讼的争点相关问题被提出来，如果这一过程中遗漏了这些信息或证据，在刑罚执行阶段仍然可以提出。笔者认为，这一做法是可取的，我们虽然强调被告方应当在审判前或审判中提出文化辩护的信息或证据，但亦不能完全排除其在刑罚执行中提出。

三是重视专家证人的作用。文化辩护的提出使检察官、律师、法官甚至假释官等面临新的挑战，因为被告方提出的文化证据的相关性、合法性、真实性判断与传统证据存在极大的差异。尤其是这种文化证据的判断中还存在价值判断与作用程度判断的问题，这不是一般法律人可以胜任的，这就要充分重视专家证人的作用。从美国刑事诉讼中文化辩护适用案例看，专家证人在帮助陪审团或法官等理解特定文化因素对行为人的影响方面起了重要作用。我国《刑事诉讼法》规定司法机关可以聘请具有"专门知识的人"参与勘验、检查或鉴定，"专门知识的人"还可以出庭就鉴定人作出的鉴定意见提出意见。这说明我国还没有构建起通常性的专家证人出庭作证制度。在现有制度下，文化辩护提出后被告方很难请求法庭让熟知其文化习俗的专家证人出庭为其作证，因为这类案件并不存在鉴定的问题。因此，在文化辩护案件处理过程中为了使检察官、律师、法官、假释官等得到专家的帮助，有必要建立起通常性的专家证人出庭作证制度。

美国精神病影响刑事被告人
受审能力的处理及其借鉴[*]

摘　要：要求被告人有受审能力是美国刑事诉讼中正当程序的内容。该规则起源于英国，但在美国刑事诉讼中发挥了重要作用。该规则与精神病辩护制度有密切的联系，但不能被后者所包容。当被告人可能患有精神病时，辩护方、控方或法官均可对其受审能力提出质疑。这种质疑一经提出，法院就应当进行听证。听证前应当有精神病专家或心理学专家对被告人的该能力进行评估。专家的精神病学报告是法官裁定被告人是否具有受审能力的基础。如果被告人不具有受审能力，法院将裁定将其关押于精神病机构并接受治疗。美国刑事诉讼中精神病导致被告人受审能力受到质疑的处理模式为我国相关刑事诉讼规则的构建和完善提供了可资借鉴的经验。

关键词：美国刑事诉讼；精神病；受审能力；提出、评估与裁判

刑事诉讼是针对被告人进行的，只有被告人能理解刑事诉讼的性质和后果，并能理性地参加到刑事诉讼中，其权利才能得到保障，刑事诉讼中也才能发现法律真实。美国刑事诉讼中有一个专门的规则即要求被告人有

---

* 本文发表于《法商研究》2012 年第 5 期。

受审能力。但司法实践中，被告人可能因为精神或生理原因失去了这样的能力。精神病可能导致被告人的认识或控制能力受损甚至丧失，使刑事诉讼难以继续进行。本文试图对美国刑事诉讼中精神病导致被告人受审能力受到质疑的处理作一个粗略介绍，并对构建和完善我国相关刑事诉讼规则提出初步设想。

一、有受审能力规则及其与精神病辩护的关系

（一）有受审能力规则概说

有受审能力是美国刑事诉讼中一条极为重要的规则。受审能力涉及被告人的行为能力与心理能力，且与被告人是否最终承担刑事责任相关，因此这一问题相当复杂，一直以来就是美国学界和法律实务部门争议的热点。正如有学者所言："被告人的有受审能力这一问题……在刑事法中已经成为一个相当具有争议的问题。"❶

从源头来说，该规则并不是美国土生土长的刑事诉讼规则，它起源于13 世纪的英国普通法。当时普通法中有这样一种观念：审判一个无受审能力的人，有损法庭的尊严，也损害国家的声誉，更剥夺了公民的应有权利。16 世纪英国亨利八世统治时期的《精神失常状态下严重叛国行为正当法律程序适用法》（1542 年）强调了刑事审判中的正当程序，其中就涉及被告人受审能力的问题。到 17 世纪时，英国普通法规则要求，如果审判时被告人精神错乱以致无法提出理性的辩护就不能被要求其对指控进行辩护。❷ 英国著名法学家威廉·布莱克斯通曾说，在刑事案件中，如果明知一个人有"精神缺陷"，就既不应当要求其辩护，也不应当要求其受审。❸ 这说明，有受审能力这一规则的起源即与精神病这一因素相关。美国众多

---

❶ Ralph Slovenko, *Psychiatry in Law*, New York：Brunner – Routledge, 2002, p. 189.

❷ Ralph Slovenko, *Psychiatry in Law*, New York：Brunner – Routledge, 2002, pp. 190 – 191.

❸ Risdon N. Slate, W. Wesley Johnson, *The Criminalization of Mental Illness*, Durham：Carolina Academic Press, 2008, p. 323.

刑事诉讼法律规则均具有英国法律血统，审判时要求被告人具有受审能力这一规则也不例外。

一般认为，刑事案件中的有受审能力规则被包括在美国第五条和第十四条宪法修正案的正当程序条款中。美国联邦最高法院在 Medina v. California❶ 案的判决中强调，如果对不具备受审能力的人进行刑事审判将违反美国宪法的正当程序条款。这说明，美国是从正当程序条款出发来强调被告人受审能力的。正当程序条款包括两方面的内容：一是程序意义上的，即确保任何人得到公正的审判；二是实体上的，即任何权利免于政府的不公正干预或剥夺。❷ 有受审能力规则要求被告人具有理解刑事程序和被指控性质的能力，要求被告能有意义地参与到他的辩护中，这正是正当程序的内在要求。

1960 年，在裁决 Dusky v. United States❸ 案中，美国联邦最高法院第一次在判决中解释了何为有受审能力："被告人是否具有充分的能力以合理程度的理解力咨询他的律师，被告人是否能理性地、事实地理解针对他的审理程序"。也就是说，如果被告人缺乏合理程度的理解力与律师交流或给律师提供帮助或不能理性地理解针对他的刑事程序，那么他就不具有受审能力。这一标准强调被告人理解刑事程序性质的认识能力和咨询其辩护人的行为能力。应当说这一标准是一个比较低的标准，只要被告人能达到这一标准就认为他具有受审能力。后来，为了确保被告人能在放弃辩护律师代为辩护这一权利后能自我辩护，一些法院在不同的案件中适用了更高的受审能力要求。不过联邦最高法院在 Godinez v. Moran❹ 案中认为 Dusky v. United States 案中确立的被告人是否具有受审能力的判断标准是合理的，无需提高标准。

从制定法上看，美国联邦法对此作了明确的规定，即"如果有合理的

---

❶ Medina V. California, 505U. S. 437, 453 (1992).

❷ *Black's Law Dictionary* (5th), St. Paul, Minn: West Publishing Co, 1979, p. 449.

❸ Test must be whether he has sufficient present ability to consult with his lawyer with a reasonable degree of rational understanding and whether he has a rational as well as factual understanding of the proceedings against him. [Dusky v. U. S. , 362 U. S. 402 (1960)]

❹ Godinez v. Moran, 509 U. S. 389 (1993).

理由相信被告人可能正患有精神病或存在精神缺陷，使其不能理解针对他的刑事程序的性质和后果，或无法为他的辩护提供合适的帮助，法庭应当给予是否具有受审能力的动议或指令就这样的动议进行听证"❶。一些州的立法中也吸收了联邦最高法院判例中的原理和联邦立法的规定。例如，《得克萨斯州刑事程序法》第 46 条第 2 款规定："如果某人不具备下列能力就是一个不具备受审能力的人：a）此人能充分展示以合理程度的、理性的理解力咨询其律师的能力；或 b）理性地、事实地理解针对他的刑事程序。"

弗吉尼亚大学精神病学、法学教授理查德·博尼主张受审能力存在两方面的要素：帮助辩护人的能力和作出决定的能力。前者为基础性的能力，包括理解刑事指控和基本理解刑事审判制度，特别是辩护人的作用；理解自己作为被告人的地位；向辩护人陈述合理、中肯的信息。后者典型的是指放弃宪法性权利的能力，如放弃聘请辩护律师的权利。❷

（二）有受审能力规则与精神病辩护制度的关系

有受审能力规则与精神病辩护制度关系密切。两者的联系主要体现在三个方面：一是起源上的联系性。有学者认为有受审能力起源于身体残疾的案件。例如当被告人得了心脏病或阑尾炎时就必须推迟审判直到他身体好转能参与诉讼。后来这一做法扩展到了失去判断力的人无法正常参加辩护或为辩护提供帮助的情况。❸ 笔者认为，生理上的缺陷固然会影响到行为人受审能力，但这种能力的有无通常是显而易见的，无需形成专门的规则体系加以规制。而且，从前文英国该原则的源起和发展来看，有受审能力的规则与精神病因素密切相关。因此，有受审能力的规则与精神病辩护

---

❶ The court shall grant the motion, or shall order such a hearing on its own motion, if there is reasonable cause to believe that the defendant may be presently suffering from a mental disease or defect rending him mentally incompetent to the extent that he is unable to understand the nature and consequences of the proceedings against him or to assist properly in his defense. 18 U. S. C. A Section4241 (a).

❷ Richard J. Bonnie, "The competence of criminal defendants: A theoretical formulation", 47 *U. Miami L. Rew.* 539, 563 (1992).

❸ Ralph Slovenko, *Psychiatry in Law*, New York: Brunner - Routledge, 2002, p. 190.

的缘起都是为了解决精神病因素的影响。二是核心内容的联系性。美国联邦法院在 Dusky v. United States 案中解释受审能力时强调"理性理解力"，美国联邦制定法在规定受审能力规则时强调"心理疾病或缺陷"。它们的关注点是被告人的心理能力。精神病辩护的核心内容也是围绕被告人的心理能力（虽然是行为时的心理能力）展开。三是纷争焦点的联系性。如前文所述，生理缺陷有时也会造成被告人缺乏受审能力，如被告人脑部严重损伤以致无理解能力或表达能力。但实践中对于这种生理缺陷对受审能力的判断没有什么争议或争议不大。受审能力的争议主要在于被告人是否患有精神病、什么精神病会对这种能力产生影响、产生多大的影响。这些与精神病辩护中的纷争焦点也完全一致。

虽然两者关系密切，但两者并不是同一概念，也不能相互包容。正如有学者所强调的："'有受审能力'是与精神病辩护完全不同的概念。"[1] 该学者认为精神病辩护涉及被告人实施危害行为时的心理状况；而有受审能力则指被告人具有咨询其律师和理解审判程序的能力，它关注的是审判时的精神状况。还有学者对两者作了形象的解释：前者关注被告人受审能力（是向前看的），后者关注被告人在实施行为时的心理状态（是向后看的）；前者的影响是程序性的、是要消除审判，后者的影响是实体性的、是要判决被告人无罪。[2]

从实践来看，提出精神病辩护的辩护人不一定主张被告人没有受审能力；没有提出精神病辩护的辩护人却有可能主张被告人没有受审能力。因为精神病辩护是辩护方认为被告人行为时的精神病导致其认识能力或意志能力受到影响，审判时被告人的精神却已经正常了，被告人有受审能力，但精神病辩护仍然会提出来；被告人行为时没有患精神病或精神病对其责任能力没有影响，但若审判时因精神病因素其失去受审能力，辩护人就会主张被告人没有受审能力，而不是提出精神病辩护。

---

[1] Harlow M. Huckabee, *Mental Disability Issues in the Criminal Justice System*, Springfield: Charles C Thomas, 2000, p. 25.

[2] Ralph Slovenko, *Psychiatry in Law*, New York: Brunner – Routledge, 2002, p. 189.

二、被告人因精神病而无受审能力主张的提出

(一) 主张的提出主体

在美国刑事诉讼中，辩护人常利用被告人有受审能力规则对抗控方的指控，致使法院推迟或取消审判。因为如果被告人没有受审能力，则刑事诉讼将无法进行下去，除非其恢复该能力。正如有学者所言："在一些案件中，如果被告人不具备受审能力是基于永久性的原因，例如严重的精神病，刑事审判将不会再进行。"[1] 统计数据表明，美国每年有 25 万以上的被告人辩称不具备受审能力而要求接受评估，其中大约一半的人被评估为没有受审能力而被法庭裁定给予医疗。[2] 当然，并不是每个当事人都愿意因精神病而提出无受审能力的主张。因为被确定为患有精神病，一方面会给被告人带来不好的名声（精神病人），另一方面许多州规定被告人受审能力有疑问的情况下，被告人要被审前关押治疗，不得被取保候审。

有时控方也会提出被告人没有受审能力以防止其审前获得保释，从而使本来证据不太充分的案件在其被关押时证据得以强化，也可以使有精神病（或缺陷）的人得到治疗，而这在民事程序中是很难强制实行的。这对于控方来说是比较容易的事，因为"控方可以通过逮捕犯罪嫌疑人的警察或者评估或治疗过在关押机构中的被告人的精神健康专家获得相关报告"[3]，从而获得质疑被告人受审能力的信息。

有时审理法官也会基于自己的动议而对被告人受审能力提出质疑。法官主动质疑被告人有受审能力主要是与该规则的设立目的相关。确立有受审能力规则的目的在于三个方面：一是确保判决的准确性；二是确保公平审判，允许被告人在刑事诉讼中保护自己；三是维护法律程序的尊严和完

[1] Joshua Dressler, *Understanding Criminal Law*, Newark：Matthew Bender, 2009, p. 341.

[2] Ralph Slovenko, *Psychiatry in Law*, New York：Brunner – Routledge, 2002, p. 189.

[3] Risdon N. Slate, W. Wesley Johnson, *The Criminalization of Mental Illness*, Durham：Carolina Academic Press, 2008, p. 323.

整性。❶ 法官既不是刑事案件的追诉者，也不是辩护方，而是处于中立地位的裁判者，其目的是寻求案件的法律真实。为了确保判决的准确性、公平性及维护法律的尊严，对于控辩双方均没有提出有受审能力质疑的案件，法官会因被告人精神病可能影响被告人受审能力而主动提出动议。

（二）提出时间

美国制定法上，并没有对质疑被告人受审能力的时间作出规定。实际上，任何时候被告人都可能出现生理或精神上的问题导致没有受审能力，其受审能力问题就会被提出来，因此立法上也就不可能为此规定具体的时间。

辩护方对被告人受审能力的质疑通常会是在开庭前提出。虽然立法上对此没有规定，我们可以从美国《联邦刑事诉讼规则》关于精神病辩护的规定加以理解。该规则规定："被告人意图以在被指控犯罪时精神不正常为由作辩护，被告人应当在规定的提出审判前申请的时限内或者在此后法庭指定的时间内以书面方式将此意图通知检察官，并将通知副本提交法院书记官，如果未遵守本规定的要求，则不能提出精神不正常的辩护。""如果被告人意图提供关于被告人患有精神病、精神缺陷或其他与承担刑事责任相关的精神状况的专家证言，被告人应当在规定提出审判前申请的时限内或者在此后法庭指定的时间内以书面方式将此意图通知检察官，并将通知副本提交书记官。"就精神病辩护而言，这一规定的目的在于为公诉方提供充分的时间以便在审判中对被告人的精神病辩护加以反驳，也使法院有机会要求被告人提交精神病学鉴定。❷ 如果说被告人的精神病影响到了其受审能力，辩护方会在提交精神病辩护时说明；如果被告人的精神病对受审能力没有影响，辩护方就不会在此时提出该主张。当然，在诉讼过程中，如果被告人的精神病发作而影响了受审能力，辩护方可以在诉讼的任何阶段提出。即使被告人已经被定罪，在量刑的过程中仍然可以提出这一

---

❶ Ralph Slovenko, *Psychiatry in Law*, New York：Brunner – Routledge, 2002, p. 190.

❷ 赖早兴：《精神病辩护制度研究——基于美国精神病辩护制度的思考》，《中国法学》2008年第 6 期。

质疑。

控方通常也会在开庭前对被告人受审能力提出质疑。因为只有这样才可以有效防止被告人审前获得保释，从而有机会强化案件的证据。

法官一般只是在审判的过程中提出被告人受审能力的质疑。因为法官并不提前接触案卷材料，对被告人的情况也知之甚少。只有在审判的过程中，法官才能随着审判的进行发现被告人可能没有受审能力。

(三) 证据要求

美国证据规则没有对质疑被告人受审能力的证据要求作出明确的规定。在 Drope v. Missouri❶ 案中，联邦最高法院认为，"没有固定的或一成不变的体征总是表明必须进行被告人受审能力的调查"。从案例实践看，如果有证据表明被告人有荒谬的行为，有精神病的病史或家庭史，审理过程中自杀，对辩护律师提出无理要求、不与辩护律师合作或无故拒绝辩护律师的辩护，或曾经有过关于受审能力的医学诊断等均可成为质疑被告人受审能力的证据。

三、精神病被告人受审能力的评估和裁定

在 Pate v. Robinson❷ 案和 Drope v. Missouri 案中，联邦最高法院强调，无论何时，关于被告人受审能力的实际可疑提出后，法庭都必须对此进行调查，应指令对被告人进行该能力的评估，否则就违反了正当程序条款。如果已经作出判决，该判决将会被撤销。❸ 那么如何确定被告人受审能力是否受到精神病的影响？这涉及评估和裁定两个方面。

---

❶ Drope v. Missouri, 420 U. S. 162 (1975).

❷ Pate v. Robinson, 383 U. S. 375 (1966).

❸ 不过，也有的法院允许对被告人受审能力进行重新评估而不撤销原有判决。言下之意即，如果被告人确实不具有受审能力，那么就要推翻原判决；如果被告人在被评估后被认为有受审能力，那么原有判决就仍然有效。

(一) 被告人受审能力的评估

1. 评估主体

社会公众可能会认为,精神病是一个极为专业的词汇,涉及一般人不能知晓的专业知识,所以精神病患者是否具有受审能力的评判者应当是精神病专家、心理学专家。但事实上并非如此。正如有学者所言:"与公众的观念相反,精神病是而且始终是一个法律概念而不是心理学或精神病学概念。实际上,在心理学和精神病学作为一个学科存在前,精神病辩护就已经存在了。"❶ "显然,精神病专家和心理专家并不是法庭程序的专家。因此法官在考虑精神健康专家关于精神病可能的影响的意见后,将作出被告人是否具有受审能力的最后裁定。"❷

排除精神病专家或心理学专家作为被告人受审能力有无的最终评判主体,并不是要排斥这些专家在该问题上的作用。精神病学作为一门科学,长期以来关注精神障碍的病因、发病机理、病象和临床规律以及预防、诊断、治疗和康复等。虽然精神病学与心理学属于不同学科门类,但精神病学在实践上已发展到与社会心理卫生相结合的阶段。所以,精神病涉及了两个学科的专业知识。显然,这不是一个法官能全面把握的。为了正确处理案件中的专业问题,就必须有具备专业知识的人员提供帮助。刑事诉讼中的这些专业人士就是专家证人。《美国联邦证据规则》承认了专家证人的法律地位。该规则第 702 条规定:"如果科学、技术或者其他专业知识有助于事实审判者理解证据或者确定争议事实,凭借其知识、技能、经验、训练或者教育有资格为专家的证人可以用意见或其他方式作证。"判例法中,美国联邦最高法院在 Ake v. Oklahoma❸ 案中对专家证人的作用作了肯定性的评价。美国联邦最高法院认为:没有精神病学专家运用他们专业知识对被告人相关情况进行鉴定的帮助,提出专家证言,以确定精神病

---

❶ Charles Patricke Ewing, *Insanity*, New York: Oxford University, 2008, p. xxi.

❷ Harlow M. Huckabee, *Mental Disability Issues in the Criminal Justice System*, Springfield: Charles C Thomas, 2000, p. 26.

❸ Ake v. Oklahoma, 407U. S. 68, 105S. Ct. 1087 (1985).

辩护是否合理，对被告人精神状况作出错误判断的风险就会极高。在精神病学专家的帮助下，被告人完全可以以有意义的方式给裁判者提供充分的信息，以确保其作出合理的判断。在被告人因精神病而受审能力可能受影响时，精神病专家或心理学专家发挥作用的方式就是对被告人进行受审能力的评估并出具精神病学报告，并出庭接受质疑或交叉询问。

2. 评估方法

如何就受审能力问题对被告人进行评估？在有受审能力规则执行初期，如果要聘请专家的话，法院通常是请受雇于医疗机构的精神病学或心理学的专业人士对被告人进行评估。这些专业人员在自己的专业领域具有相应专业知识，但缺乏法律专业知识。因此在对被告人进行评估时，他们往往简单地采用医疗诊断的方式。这样评估的结论受到了社会的普遍质疑。因为被告人是否有受审能力并不纯粹是一个精神病学或心理学问题，更主要的还是法律问题。对被告人的精神状况进行评估当然是重要的，但这不是评价其是否具有受审能力的充分条件，纯粹的严重精神错乱只是被告人不具备受审能力的必要条件。一个被告人患者有精神病，如果症状没有损害其咨询辩护人和理解针对其诉讼的性质或后果的实际能力，他仍然是具有受审能力的人。在评估被告人受审能力时，应当将其特定案情考虑进去，如被告人被指控的罪名、已经存在的相关证据等，还应当与辩护人取得联系以便了解导致被告人不能理性帮助辩护人或理解刑事诉讼程序及其后果的原因。美国律师协会建议，对被告人受审能力的评估应当涉及五个方面：一是对刑事审判程序是否有基本的理解；二是被告人是否能和他的辩护律师一起合作，而不会对辩护律师多疑和不相信；三是被告人是否有能力回顾并重述与其案件相关的事实；四是被告人是否能基于自己立场陈述；五是对于更严重的指控或更复杂的情况，被告人是否有受审能力的门槛应当相应提高。

为适应评估的实际需要，一些州组织精神病学和心理学的专业人士进行相关的法律培训，以便增强其法律专业知识。另外，一些学者设计了引导精神病学专家和心理学专家开展受审能力评估的方法。例如：

（1）能力评估法。该方法包括 13 个与法律相关的项目，以"覆盖发现被告人是否具有受审能力所有可能涉及的问题"。这些项目包括"对可能获得的辩护的评价""辩护律师的品质""阐述中肯问题的能力"等。每一项目都可得 1 分至 5 分，得分的高低表明被告人受审能力从"有能力"至"完全无能力"的范围。该评估法的特点是灵活，涉及面广。

（2）健康状况的交叉学科面谈法。该方法是为评估被告人法律和精神病理两个方面的能力而设计的，包括三个主要的内容：①法律问题（5 个项目）；②精神病理学问题（11 个项目）；③综合评价（4 个项目）。

（3）佐治亚州法院能力测试方法。该方法有 21 个测试项目。前 7 个项目要求被告人目测法庭中某些参与人的位置，其他的项目则与法庭中某些人的作用、被告人面临的指控、他与律师的关系等问题相关。

（4）麦克阿瑟能力评估方式——刑事裁判。该评估方法以一个简短的故事为基础。在该故事中，两个人斗殴，其中一人因此被指控刑事犯罪。该评估方法中的 22 个项目便以此为基础。前 8 个项目评估被告人对法律制度的理解能力，接着的 8 个项目通过询问与案件最相关的两个事实评估被告人的推理能力，还有 6 个项目评估被告人对他自己所处环境的理解力。

（5）能力筛选测评。该方法通过筛选，确定一些具有受审能力的被告人。因为大量的质疑受审能力的被告人是为了其他的目的而提出质疑，并非真的没有该能力。在这个方法中，被告人可能被问及精神病的症状、法律制度或当前法律问题等。

值得一提的是，无论是辩护方还是控方因精神病而质疑被告人受审能力时，被告人均应当被关押在约束机构中。这一方面是因为被告人既然有精神病，那么就不能因取保或其他原因放任于社会（不过也有少数州允许被告人在鉴定期间取保候审），应当对其采取约束和治疗措施。尤其是被告人实施了暴力危害行为的情况下，从社会防卫的立场出发也应当将被告人关押。而且，如果被告人本来实施了暴力危害行为，若因为准备受审能力的听证而将其释放于社会，社会公众也不支持。另一方面也是为了便于精神病专家或心理学专家对被告人的精神病进行评估或鉴定，并最终出具精神病学报告。

（二）被告人受审能力的裁定

精神病学专家或心理学专家对被告人评估后，会出具一个关于其受审能力的书面评估报告。该报告并无直接表明被告人受审能力有无的效力，但该报告是法院判定被告人是否有受审能力的基础。

如果是陪审团审判的案件，陪审团有无权力对被告人是否具有受审能力作出裁定？根据《美国模范刑法典》的规定，被告人受审能力的有无是一个法律问题，而不是事实问题。因此该问题应当由审判法官进行裁定，而不是由陪审团来裁定。❶ 不过，在该刑法典公布前，绝大多数州允许陪审团对该问题进行裁定，即使该刑法典公布后仍有少数州让陪审团对该问题进行裁决。

法院如何确定被告人是否具有受审能力？通常法官会以评估报告为基础。如果控辩双方对评估报告的结论没有异议，法院就基于评估人的书面报告作出裁定。如果双方有争议，法院就应当进行听审。在听审中，控辩双方可以对评估人进行质证，或对其交叉询问。在证明责任上，通常要求主张被告人无受审能力的一方承担说服责任。虽然在 In re Winship❷ 案中美国联邦最高法院明确要求控诉方承担证明被告人有罪的责任❸，但根据 Medina v. California 案，美国联邦最高法院要求主张被告人无受审能力的一方（即使主张一方是辩护人）承担证明责任。

在对评估报告存在争议的情况下，法院判断被告人是否具有受审能力非常困难。因为联邦最高法院在 Dusky v. United States 案中对于受审能力的解释和联邦制定法关于该问题的规定都相当宽泛和模糊，难以把握其中的"充分的能力""合理程度""理性地、事实上地理解""合适帮助"。不过实践中对被告人是否具有受审能力判断标准非常低。曾经有一个名叫

---

❶ Model Penal Code. §4.06（1）.

❷ In re Winship, 397 U. S. 358（1970）.

❸ 在该案中，美国联邦最高法院认为，根据正当程序条款的要求，控诉方应当将成立指控犯罪所需的所有事实证明到排除合理怀疑的程度。参见赖早兴：《美国犯罪成立要件与证明责任分配》，《法学家》2007 年第 3 期。

斯科特·帕勒提的美国男子，患有精神分裂症，具有 7 年的精神病史。他杀死了他的岳父母。在实施杀人行为前的 1981 年到 1992 年，他因精神病被治疗了 14 次。他的妻子认为他患有被害妄想而不应当受到审判。在庭审前，其辩护律师提出他因精神病而不具备受审能力，法院也因此为其举行了两次关于受审能力的听证。在听审中，为辩护方作证的精神病专家认为被告人有精神病而无受审能力，为控方作证的精神病专家认为被告人有精神病，但他有受审能力。第一次听证会上因陪审团的意见不一致而没有结论，第二次尽管证据表明他具有严重的妄想症并不能合理地咨询他的律师，但仍然被裁定为具有接受审理的能力。在审判中，他认为辩护律师是害他的同谋而要求放弃辩护律师进行自我辩护，这虽然遭到了辩护人的反对但得到了法庭的许可。在自我辩护中，他要传唤耶稣、肯尼迪和好莱坞女星安妮·班克劳夫特及其他上百名不存在的证人。在辩护中，他经常说话不连贯，引用圣经的句子，所问问题完全与案件无关。此人 1995 年因谋杀罪被判处死刑。

在 Wilson v. United States❶案中，哥伦比亚特区联邦上诉法院认为，在决定被告人的精神病是否损害了其受审能力时，要考虑这些因素：（1）精神病影响被告人咨询其辩护人和帮助辩护人的程度；（2）精神病影响被告人基于自己的利益而供述的能力的程度；（3）由于被告人的精神病而无法帮助其辩护律师时，诉讼的证据能够被辩护律师把握的程度；（5）在被告人的辩护律师把握案情的过程中政府给予被告人和其辩护人帮助的程度；（6）控方案件的强度，最重要的是控方是否完全否定了无罪的可能性，如果存在被告人成立不在犯罪现场或其他的辩护的可能（精神病除外），应当推测他会这样做；⑥任何其他可能表明被告人曾经获得公平审判的事实和情况。

四、被告人因精神病而被裁定无受审能力的后果

如果法庭裁定被告人没有患精神病或虽然患有精神病但对受审能力没

---

❶ Wilson v. United States, 391 F. 2d 460, 129 U. S. App. D. C. 107（1968）.

有影响或影响不大，行为人具有受审能力，那么就应当开始或继续法庭审理程序。如果法庭裁定被告人因精神病而无受审能力，那么就应当暂停审判直至其具备受审能力。若被告人这种能力永远无法恢复，则刑事审判不会再进行。

刑事审判暂停只能说明该案的刑事程序处于中止状态，并不意味着该案的法律程序就结束了。既然被告人患有精神病就不能将其释放于社会，而应当将其关押。这首先是因为被告人负案在身，并不是一个普通的精神病患者，不能取得与普通精神病患者同等的待遇而在社会上治疗；其次是因为刑事审判程序处于中止状态，应当对被告人进行治疗以让其恢复受审能力，以便恢复刑事审判程序，追究其刑事责任。因此，当被告人被裁定为无受审能力时，法院应当将被告人转交精神病机构进行关押。

在关押期间，对于被告人精神病的强制治疗，美国曾经有三个重要案例。在 Washington v. Harper❶ 案中，联邦最高法院认为，在被告人的精神病会危及他本人或其他人的安全且治疗处方是为了被告人的最大治疗利益的情况下，正当程序条款允许各州对被关押、患有严重精神病的人进行强制治疗。在 Riggins v. Nevada❷ 案中，联邦最高法院确立了两个规则：为了使被告人获得受审能力，强制治疗应当是最小的干预性治疗；为了被告人及其他人的安全而给予的强制治疗应当在医学上具有合理性。否则，在被告人审判期间对其进行强制性的精神病治疗会违反宪法第六和第十四修正案所保障的权利。当被告人要求终止治疗时，州当局应当确立治疗的必要性和为被告人及其他人的安全而治疗的合理性。从这两个案例可以看出，联邦最高法院对于被关押的被告人进行强制治疗是赞同但有条件的。被告人的权利受正当程序条款的保护，除非强制治疗是为了被告人或他人的安全且治疗方法具有合理性时，该强制治疗才是许可证的。在 Sell v. United States❸ 案中，联邦最高法院认为，为了恢复被告人受审能力，对被指控犯有严重罪行的人进行强制治疗是一个合适的方法。这种情况下，州

---

❶ Washington v. Harper, 494 U.S. 210 (1990).

❷ Riggins v. Nevada, 504 U.S. 127 (1992).

❸ Sell v. United States, 539 U.S. 166 (2003).

的利益超过了被告人拒绝强制治疗的利益。但联邦最高法院框定了强制治疗的具体标准：（1）治疗必须具有实质可能性，能使被告人获得受审能力而不实质损害被告人其他的利益；（2）治疗必须是恢复被告人受审能力所必需的，没有可替代的、干预更小的、能达到同样效果的其他方式。

那么，关押和治疗的期限有无限制？如果被告人能在短期内恢复受审能力，那么其恢复之时便可以开始或继续刑事审判，关押和治疗的期间也就结束了。问题在于，如果被告人的精神病在相当长的时间内没有好转，是否能对其一直关押和治疗直至其接受审理能力的恢复？在没有相关联邦最高法院的判例之前，各州法院对此没有限制性的规定，通常是将被告人一直关押。但1972年联邦最高法院在 Jackson v. Indiana❶ 案中认为，超长时间关押被告人违反了宪法第十四修正案关于正当程序条款的规定，"正当程序要求被关押的期间、性质与被告人被关押的目的具有合理的联系"。联邦最高法院主张应当对因精神病可能影响受审能力的关押不能超过"合理的期限"，"这个期限是决定在可以预见的将来被告人是否有获得受审能力的实质可能性所必需的"。因为案件各异，精神病的种类繁多且症状各不相同，在此联邦最高法院并没有确定一个具体的期限。但联邦最高法院在该案表达了对因精神病可能影响被告人受审能力而被关押期限的关注，并提供了一个原则性的标准——"合理期限"。此后联邦最高法院没有对该"合理期限"作出任何解释。

此案后，一些州通过判例或立法对此种情况下的关押作出限制：有的州将关押期限具体明确到12个月、15个月或18个月；有的州则规定该期限不能超过被告人可能被判处的最长刑期。当然，也有一些州基于社会安全的理由仍然没有执行联邦最高法院在 Jackson v. Indian 案中确定的限制❷。例如，一个名叫罗素·威斯顿的人1998年因为精神处于高度幻想状态而杀死了两名警察，在被捕后他被发现不具有受审能力，因此被送到了位于北卡罗来

❶ Jackson v. Indiana, 406 U. S. 738 (1972).

❷ Ralph Slovenko, *Psychiatry in Law*, New York: Brunner – Routledge, 2002, p. 193.

纳州的联邦精神病治疗机构，并且因为没有恢复该能力而一直被关押。❶

五、借鉴

我国刑事诉讼法对精神病辩护作了规定，但没有对精神病导致被告人受审能力受到质疑时如何处理作出规定。因此，从立法上看，我国现在还没有构建与被告人受审能力相关的规则。笔者认为，该规则的构建中，可以借鉴美国前述规则的成熟做法。

首先，构建独立的被告人受审能力规则。我国刑事诉讼法仅规定精神病辩护制度而没有规定被告人受审能力规则的原因在于两个方面：一是没有认识到被告人受审能力规则的重要性，甚至我国法学界对这一概念还没有达成共识❷；二是认为既然两者都是由精神病因素导致，那么精神病辩护制度就可以包容被告人受审能力规则。从美国刑事诉讼的立法与实践看，虽然两者有密切的联系，但并不能相互包容或取代❸。被告人受审能力规则所要解决的是被告人庭审时有无能力受审，是一个程序问题；而精神病辩护制度要解决的是被告人行为时有无认识能力和控制能力、能否对自己的行为承担刑事责任，是一个实体和程序相结合的问题。既然两者不能相互包容或取代，就必须建立独立的被告人受审能力规则，以填补立法的空白。

其次，建立被告人受审能力质疑的提出、评估与裁定程序。从美国刑

---

❶ Risdon N. Slate，W. Wesley Johnson，*The Criminalization of Mental Illness*，Durham：Carolina Academic Press，2008，p. 326.

❷ 最高人民法院等五部委颁布的《精神疾病司法鉴定暂行规定》第 9 条和第 21 条中使用的是"诉讼能力"这一概念。诉讼法学界也主要使用"诉讼能力"或"诉讼行为能力"概念。但正如有学者所言："受审能力不同于诉讼行为能力，也不同于刑事责任能力，三者之间有着明显的差别。"宁松、白彦著：《刑事被告人基本理论研究》，中国检察出版社 2007 年版，第 102 页。

❸ 在美国刑事诉讼中，甚至基于精神病的辩护并非都能为精神病辩护制度所包容，还有一个能力减弱辩护制度（diminished capacity defense system）。这种能力减弱辩护一般是指因精神障碍被告人的心理能力无法达到犯某罪所必需的心理状态，并且被告人的心理状态达不到精神病辩护的要求时，辩护方可以请求案件的事实裁判者基于被告人的心理状态缺陷减轻处罚。赖早兴：《美国刑事法中的能力减弱辩护制度及其启示》，《法商研究》2012 年第 5 期。

事诉讼实践看，辩护方、控方和法官都可能提出对被告人受审能力的质疑，并且通常要求辩护方和控方在开庭前提出，以节约司法资源并防止诉讼中的突然袭击。我国《刑事诉讼法》第 42 条只规定辩护人收集的有关犯罪嫌疑人属于依法不负刑事责任的精神病人的证据，应当及时告知公安机关、人民检察院。虽然"不负刑事责任"的精神病人通常不具有受审能力（间歇性精神病人除外），但仍然有一些非不负刑事责任的精神病人无法理解诉讼的性质、后果，无法自我辩护也不能理性地给予辩护人帮助，这些精神病人是不具备受审能力的人。辩护人收集的关于这些人的精神病或精神障碍证据何时提交呢？另外，我国现在已经建立起了精神病人的强制医疗制度，控方提出被告人可能因精神病而无受审能力时，被告人能否被取保候审或监视居住❶?

在评估与裁定程序中，美国刑事诉讼中影响被告人受审能力的精神病因素是由精神病学与心理学专家进行评估并出具评估书面报告，由法庭根据评估报告作出被告人受审能力有无的裁定。由于我国刑事诉讼的立法中还没有关于被告人受审能力的规定，因此就不可能有相关的评估程序。从刑事诉讼中精神病辩护的实践来看，一般是司法机关委托有资质的精神病鉴定机构进行鉴定并出具鉴定报告，再由委托部门根据鉴定意见作出决定或裁定。被告人受审能力的评估可以采取这一程序，只是委托机关只能是法院，并由法院根据评估报告作出裁定。值得注意的是，美国刑事诉讼中对于被告人是否具有受审能力的裁定是法院通过听证程序作出的，因为通常情况下审判程序还没有启动，因此我国也可借鉴这一听证制度启动被告人受审能力的法院审查程序。

再次，建立科学的被告人受审能力评估方法。由于美国有联邦法域和州法域，各州立法与司法的独立性比较强，所以美国刑事诉讼中精神病被

---

❶《刑事诉讼法》第 303 条规定，公安机关发现精神病人符合强制医疗条件的，应当写出强制医疗意见书，移送人民检察院。对于公安机关移送的或者在审查起诉过程中发现的精神病人符合强制医疗条件的，人民检察院应当向人民法院提出强制医疗的申请。人民法院在审理案件过程中发现被告人符合强制医疗条件的，可以作出强制医疗的决定。该法第 67 条第（三）项规定，犯罪嫌疑人或被告人患有严重疾病，采取取保候审不致发生社会危险性的，可以取保候审。但公安机关或检察院完全可能以精神病人有人身危险性为由拒绝犯罪嫌疑人或被告人的取保候审申请。

告人受审能力的评估方法众多。但仔细研究其方法，我们不难发现，它们主要涉及被告人法律和精神病理两个方面的能力。国内一些精神病学专家自 20 世纪 90 年代开始借鉴美国被告人受审能力评估方法构建我国的相关标准，但这些方法的研究都没有持续且均未在实践中加以运用。❶ 我国《精神疾病司法鉴定暂行规定》第 17 条规定，司法机关委托鉴定时，应当提供被鉴定人及其家庭情况、案件的有关材料、工作单位提供的有关材料、知情人对被鉴定人精神状态的有关证言、医疗记录和其他有关检查结果。笔者认为，这些材料能一定程度上反映被告人的精神状况，但鉴定者很难根据这些材料评估被告人的受审能力。因为这些材料难以体现被告人理解刑事程序性质的认识能力和咨询其辩护人的行为能力。我们有必要在借鉴美国刑事被告人受审能力评估方法的基础上，组织精神病学专家和法学专家结合我国刑事司法实践构建自己的评估方法。

最后，完善精神病刑事被告人的强制医疗制度。虽然精神病人强制医疗制度本身并不是被告人受审能力规则构建的内容，但前者与后者有着密切的联系。在美国，对于因精神病而无受审能力的刑事被告人应当进行强制医疗，以使其恢复受审能力。我国刑事诉讼法只规定了依法不负刑事责任的精神病人的强制医疗程序，没有明确对不具有受审能力精神病人的强制医疗。笔者认为，可以借鉴美国成功经验，如果强制医疗能使被告人获得受审能力而不损害被告人其他的利益，且治疗是恢复被告人受审能力所必需的，没有可替代的、干预更小的、能达到同样效果的其他方式，就应当对无受审能力的精神病被告人进行强制医疗。

---

❶ 陈晓冰、蔡伟雄：《精神障碍者受审能力标准化评定研究进展》，《法医学杂志》2012 年第 4 期。

美国刑事法中的精神病辩护制度及其借鉴[*]

摘　要：在美国刑事审判中，精神病是无罪辩护的重要理由，判例法与刑事立法共同形成了一套较为完善的精神病辩护制度。在美国，精神病辩护制度的存废问题一直备受争议；精神病法律标准处于变化之中，各法域标准不一；精神病辩护的提出、审理程序、证明责任分配与证明标准、裁定及专家证人的作用有其特点；因精神病而判无罪者的关押与释放形成了特定规则。我们可以借鉴其制度的某些合理因素，健全和完善我国的精神病辩护制度。

关键词：美国；精神病辩护；存与废；法律标准；审理；关押与释放

在英美法系国家中，许多学者将精神病辩护（insanity defense）视为刑法的关键因素。❶ 有学者认为："很少有什么理论像精神病辩护这样饱受争议。"❷ "尽管精神病辩护已经作为一种辩护存在了几个世纪，但在刑法

---

　　* 本文的主体内容发表于《中国法学》2008 年第 6 期。

❶ Henry J. Steadman, *Before and After Hinckley: Evaluating Insanity Defense Reform*, New York: the Guilford Press, 1993, p. 3.

❷ Joshua Dressler. *Understanding Criminal Law*, New York: Matthew Bender & Company, Inc, 2001, p. 335.

领域中恐怕没有其他的问题遭受如此多的争议。"❶ 因此，精神病辩护是美国刑事法学界长期关注的焦点。本文试图对美国精神病辩护制度作初步探讨。文章第一部分为精神病辩护存废之争，阐述了美国理论界关于精神病辩护存与废的争议及其对立法、司法的影响；第二部分为精神病的法律标准，从进化论的角度分述了美国曾经适用过的或正在适用的各种精神病法律标准；第三部分为精神病辩护案件的审理，分析了精神病辩护的提出、证明责任分配与证明标准、审理程序、裁定以及专家证人的作用；第四部分为因精神病而被判无罪者的关押与释放，探讨了因精神病而被判无罪后精神病人的关押、治疗与释放等问题。

一、精神病辩护存废之争

美国曾经是英国的殖民地，其传统法律制度均具有英国的血统，美国的精神病辩护制度无疑也可寻根于英国。虽然关于英国的精神病辩护法律制度确立于何时学者间存在分歧，但多数学者认为这一制度在英国确立于爱德华一世［Edward I (1272—1307)］时期。例如有学者认为："在13世纪后期，也就是爱德华一世统治时期，精神病已经成为刑事指控的辩护理由。"❷ 有学者认为："尽管在犹太法典《塔木德经》(Talmudic) 中建议对精神病人或智力发展迟缓者加以宽恕，而且有学者主张至迟于12世纪已经存在精神病辩护，但直到爱德华一世时精神病才作为无罪的辩护理由被确立。"❸

自从精神病辩护制度确立以来，关于该制度存在的必要性的争议就没

❶ Rita J. Simon, David E. Aaronson, *The Insanity Defense*, New York: Greenwood Press, Inc, 1988, p. 2.

❷ Anne C. Gresham, "The Insanity Plea: A Futile Defense for Serial Killers", 17 *Law & Psychol. Rev.* 193, 193 (1993).

❸ Abraham L. Halpern, "The Insanity Verdict, The Psychopath, and Post – Acquittal Confinement," *Pacific Law Journal*, April, 1125, 1128 (1993).

有停止过。● 特别是一些针对政治名人的暴力实施者被裁定无罪后，废除精神病辩护的呼声就愈加高涨。1843 年的迈克纳顿（M'Naghten）刺杀英国总理案●和 1981 年约翰·欣克利（John Hinckley）刺杀美国总统案●就是很好的例子。

主张废除精神病辩护的理由主要集中于三个方面：一是认为精神病辩护被滥用。因为精神病是无罪辩护的理由，行为人实施危害行为后，为了逃避惩罚，会寻找各种借口或理由为自己开脱罪责，其中就包括提出精神病辩护。如果精神病辩护成立，行为人就无需对自己的危害行为承担刑事责任。正是这种诱惑，许多不符合精神病法律标准的行为人会重金聘请精神病学专家为其作证、聘请经验丰富的律师为其辩护，以开脱罪行。正因为如此，有人抱怨：被告人经常在刑事诉讼中提出精神病辩护，而且这种辩护总是获得成功。在 1981 年的一个全国性调查中，87% 的公众认为被告过度使用精神病辩护且总是辩护成功。● 二是认为精神病辩护不利于刑法一般预防功能的发挥。既然精神病辩护可能被滥用，行为人（特别是那些具有一定程度精神缺陷但不符合精神病标准的人）就可能存在侥幸心理，认为自己实施危害行为后可以基于精神病的理由而逃脱惩罚。三是精神病辩护成立后行为人不能受到刑罚的惩罚和接受矫正，难以和其他犯罪人一

● Julie E. Grachek，"The Insanity Defense in the Twenty – First Century：How Recent United States Supreme Court Case Law Can Improve the System."81 *Ind. L. J.* 1479，1479（2006）.

● 迈克纳顿（M'Naghten）刺杀英国总理案。1843 年 1 月 20 日苏格兰公民迈克纳顿试图刺杀大不列颠总理大臣罗伯特·皮尔（Robert Peel），但他误杀了总理大臣的秘书爱德华·德拉蒙德（Edward Drummond）。迈克纳顿因谋杀而在伦敦中心刑事法院接受审判。后来陪审团基于精神病的理由对迈克纳顿作了无罪裁定，法院因此作了无罪判决。然而，这一判决激起了英国公众的强烈抗议，并引发了关于精神病辩护有效性的法律和政治争论。

● 约翰·欣克利（John Hinckley）刺杀美国总统案。1981 年 3 月 30 日，罗纳德·里根（Ronald Reagan）前往位于华盛顿的希尔顿饭店，出席一个建筑工会大会并发表演讲。结束后，里根经侧门离开饭店，正待上车之时，混杂在记者群中的欣克利突然掏出手枪，瞄准总统连开数枪，导致多人重伤。当时电视台对此场面进行了直播。但审理中，陪审团基于精神病的理由裁定欣克利无罪。公众对欣克利的无罪判决十分愤怒，电视和报告上评论员几乎一致地谴责这一判决及其所依据的法律。无罪判决后紧接着的民意调查表明约 90% 的公众赞同取消精神病辩护、主张惩罚实施了犯罪行为的被告人。许多政治人物包括总统里根和司法部长史密斯（Smith），发表声明谴责陪审团的裁定和精神病辩护。

● Joshua Dressler，*Understanding Criminal Law*，New York：Matthew Bender & Company，Inc.，2001，p. 356.

样作为正常人回归社会，可能再次危害社会。有人认为："废除精神病辩护就可以使社会免予这些危险者的危害。"❶

不过，精神病辩护保留论者对上述理由进行了反驳。首先，他们认为精神病辩护被滥用的观点是一种臆测，没有经验研究作为基础。相反，精神病辩护领域的众多经验研究表明，精神病辩护在审判中只是较为罕见的现象，成功的精神病辩护则更是极为罕见。以精神病辩护存废争论较为激烈的 1980 年为例，美国仅有 2542 个被告人因为精神病而被裁定无罪并被送往精神病医院。❷ 对美国八个州的研究表明，提出精神病辩护的被告人不到所有刑事案件的百分之一。提出精神病辩护的被告人获得成功的只占提出精神病辩护案件的四分之一。❸ 其次，他们认为不但精神病辩护可能被不当利用而有损刑罚的必然性，其他的辩护理由也存在同样的缺陷。如果有这一缺陷就要废除的话，其他辩护理由存在的必要性均可受质疑。退一步说，"即使这样的理由正确，这也不是废除精神病辩护的理由，相反应当教育公众精神病辩护的实际意义之所在"❹。再次，他们认为，因精神病而被裁定无罪者并不都被直接无罪释放，如果行为人危及他人的人身或财产安全，或行为人危及自身安全时，均应当被移交给精神病管理机构或监狱。这实际上就可以起保护社会的作用。最后，他们认为，惩罚那些非在自由意志下实施错误行为的人是不人道的❺；精神病辩护在美国已有相当长时间的历史，它已经成为美国广为接受的法律规则，也是一个值得宪

---

❶ Abraham L. Halpern, "The Insanity Verdict, the Psychopath, and Post – Acquittal Confinement," 24 *Pac. L. J.* 1125 (1993).

❷ Henry J. Steadman, *Before and After Hinckley: Evaluating Insanity Defense Reform*, New York: the Guilford Press, 1993, p. 5.

❸ Lincoln Caplan, "Not So Nutty: The Post – Dahmer Insanity Defense", *The New Republic*, Mar 30, 18 (1992).

❹ Joshua Dressler. *Understanding Criminal Law*, New York: Matthew Bender & Company, Inc, 2001, p. 357.

❺ Ira Mickenberg, "A Pleasant Surprise: The Guilty but Mentally Ill Verdict Has Both Succeeded in its Own Right and Successfully Preserved the Traditional Role of the Insanity Defense", 55 *U. Cin. L. Rev.* 943, 948 (1987).

法保护的基本规则。❶

在 1979 年至 1983 年，爱达荷州、蒙大拿州和犹他州的立法机关通过法律将精神病学证据限于反驳公诉方对犯意的证明，此三州拒绝将精神病作为积极辩护，但允许被告人提出心理疾病或缺陷的证据以反驳公诉方关于被告人有犯罪定义所要求的心理状态的主张。这实际上就废除了刑事案件中基于精神病的无罪辩护。❷ 1995 年堪萨斯州制定法中同样结束了精神病辩护的历史。

废除精神病辩护的合宪性受到了诸多质疑。以蒙大拿州为例，在 State v. Byers 案中，被告人在上诉中称废除精神病辩护的立法违反了被告人所享有的正当程序权利，因为精神病辩护是法定自由制度最重要的组成部分，它是被告人的基本权利❸；在 State v. Cowan 案❹中，被告人认为，蒙大拿州精神病辩护导致了一个无容辩驳的推定（a conclusive presumption）从而违反了正当程序条款（无容辩驳的推定是违宪的，因为它减轻了应当对某事实承担证明责任一方当事人的证明责任）。蒙大拿州最高法院驳回了被告人的诉求，因为它认为美国联邦最高法院并不认为被告人拥有提出精神病辩护的宪法权利，它不涉及基本公正问题；而且蒙大拿州最高法院还认为联邦最高法院已经将精神病辩护的特定问题交由各州立法机构自行决定。在蒙大拿州最高法院对 State v. Cowan 作出判决后，被告人向联邦最高法院申请调卷令（certiorari），但被该院驳回。驳回申请是否表明联邦最高法院认为废除精神病辩护合宪？有人认为，联邦最高法院的驳回决定并不具有创造先例的作用，也没有表明其立场，不具有指导意义；也有人认为这为废除精神病辩护开了"绿灯"。又以堪萨斯州为例，在 2003 年的

---

❶ Jenny Williams, "Reduction in the Protection for Mentality Ill Criminal Defendants: Kansas Upholds the Replacement of the M'Naughten Approach With the Mens Rea Approach, Effectively Eliminating the Insanity Defense" [State V. Bethel, 66P. 3D 840 (KAN. 2003)]. 44 *Washburn L. J.* 213, 238 (2004).

❷ 爱达荷州、蒙大拿州和犹他州并非首先考虑废除精神病辩护的州。在 20 世纪早期，路易斯安娜州、密西西比州和华盛顿州曾制定法案禁止所有的心理状况的证据，不过因缺乏宪法基础，最主要的是违反了正当程序，这些法案最终没有成为法律。

❸ State v. Byers, 861 P. 2d 860, 866 (Mont. 1993).

❹ State v. Cowan, 861 P. 2d 884, 887–88 (Mont. 1993).

State v. Bethe❶案中，Michael Bethel 认为堪萨斯州废除精神病辩护的制定法违宪，但该州最高法院认为废除精神病辩护的法律并没有违反正当程序条款，因为这种辩护不是刑事审判制度的基本原则。有学者认为，美国联邦最高法院在众多案件中均论及了精神病辩护问题，只是没有讨论精神病辩护是否为刑事司法的基本规则；联邦最高法院认为各州法院可以构建自己的精神病辩护制度，并不意味着精神病辩护不是刑事司法的基本规则。该学者认为，堪萨斯州不能废除精神病辩护。❷

不过，废除精神病辩护并不是说精神病证据在刑事诉讼中不能采信。实际上，废除精神病辩护的州仍然承认精神病证据在刑事诉讼中的作用。以蒙大拿州为例，被告人有三个途径提交精神病或精神病缺陷的证据：一是确定被告人是否具有受审资格时，二是审判中确定犯意时，三是量刑程序中。依据该州法典规定，在审判中，表明被告人患有精神病或精神缺陷的证据可以用于证明被告人不具有作为某罪要素的犯意。❸在诉讼中，被告人可以证明他在危害行为实施时患有精神病或精神缺陷，以削减公诉方证明行为人具有犯意即"故意"或"明知"（"purposely" or "knowingly"）的证据的证明力。

二、精神病的法律标准

精神病的判定标准❹在法律中具有核心地位，因为它决定了什么样的

---

❶ State v. Bethe, 66 P. 3d 840, 841 (Kan. 2003).

❷ Jenny Williams, "Reduction in the Protection for Mentality Ill Criminal Defendants: Kansas Upholds the Replacement of the M'Naughten Approach With the Mens Rea Approach, Effectively Eliminating the Insanity Defense" [State V. Bethel, 66P. 3D 840 (KAN. 2003)]. 44 *Washburn L. J.* 213, 241 (2004).

❸ MONT. CODE ANN. § 46 – 14 – 102 (1993).

❹ 精神病有医学标准和法学标准。对于精神病标准的确定，法律工作者对医学工作者持怀疑和批判态度，医学工作者对法律和法庭持鄙视和轻蔑的态度。Bernard Diamond, "Criminal Responsibility of the Mentally Ill", 14 *STAN. L. REV.* 59, 65 (1961). 正如有学者所言，自从迈克纳顿案中将精神病学证据作为刑事责任问题的证据以来，法官、律师们总是抱怨并批评医学工作者们没有使其观念满足法庭的需要。Block, "The Semantics of Insanity", 36 *OKLA. L. REV.* 561, 563 (1983). 医学工作者同样对法官、律师和立法者进行强烈的批评，因为后者没有提出为医学专家接受的法律标准。Stone, "The Insanity Defense on Trial", 33 *HOSP. & Community Psychiatry* 636, 638 (1982).

人对自己的危害行为因精神不正常而不负刑事责任。精神病的法律标准随着自然科学（精神病学和心理学）的发展而进化，"在过去 150 年的时间中，美国采用了数个标准"[1]。另外，美国实行联邦制，有联邦法和州法两个法律系统，各州的法制又存在程度不一的差异，各州精神病法律标准可能不一致。

1. 迈克纳顿规则（M'Naghten Rules）

虽然如前所述，在英王爱德华一世时精神病就是无罪辩护的理由，精神病辩护已经在英国法中确立，但精神病的法律标准是什么却一直不明确。[2]

英国精神病的法律标准确定于迈克纳顿（M'Naghten）案。在该案的审理中，法院第一次允许被告人基于精神病学领域的科学证据以确立因精神病而无刑事责任能力的辩护。法院对迈克纳顿的无罪判决不但引发了英国公众、政治家和学者的不满，还招致了维多利亚（Victoria）女王的谴责。维多利亚女王要求上议院召集普通法法官解释并证明无罪判决的正当性。被召集的 15 个法官中有 14 人维持了原判决，并且法官们宣布了迈克纳顿规则，确立了现在称为刑事责任能力"对—错"检验标准。迈克纳顿规则的主要内容为："在所有案件中法院均应当告诉陪审团成员，每一个人都被推定为精神正常，并且任何人均拥有足够的理性对自己的犯罪行为负责，除非相反的证明使他们相信行为人精神不正常。为了确立基于精神病的辩护，必须明确证明在行为实施时被告人受精神病的影响，以致不知道他所为行为的性质，或即使他知道行为的性质，他也不知道他的行为是错误的。"[3]

---

❶ Henry J. Steadman, *Before and After Hinckley: Evaluating Insanity Defense Reform*, New York: the Guilford Press, 1993, p. 45.

❷ 如果从历史上溯源的话，最早的精神病标准为 13 世纪时期的 Tracy 法官所确立。他认为：如果一个人完全没有理解能力和记忆力，对他所作所为完全不知，理解力不如婴儿、野蛮人、野兽，这样的人不应当作为惩罚的对象。Henry F. Fradella, "From Insanity to Beyond Diminished Capacity: Mental Illness and Criminal Excuse in the Post – Clark Era", 18 U. *Fla. J. L. & Pub. Pol'y* 7, 13 (2007).

❸ Nicola Padfield, *Criminal Law* (3rd edition), Beccles and London: Reed Elsevier (UK) Ltd, 2002, p. 73.

迈克纳顿案审判在英国法律上是具有划时代意义的事件，因为它第一次允许被告人依靠"全新领域"的精神病学的科学证据，证明自己因为精神疾病而无责任能力的辩护理由成立。❶ 但迈克纳顿规则出台后也受到了诸多的批评。其中最主要的批评是该规则仅仅关注被告人的意识能力，忽视了行为人的意志能力或自由意志，显得过于狭隘。因为精神病不仅仅或主要不是影响认识或智力机能，而是影响病者的整个个性，包括意志和情感。因此，精神病者通常知道他自己行为的性质，即行为是错误的、是被法律所禁止的，但因精神病还是实施了这一行为。而且有学者还指出："该规则没有考虑因精神病而意识能力受影响的程度，它只是在被告人完全不知其行为的性质时才作出无罪裁定。"❷

美国精神病法律标准就是发端于迈克纳顿案。❸ 在 1954 年以前美国几乎所有的州（除两个州外）均采纳了迈克纳顿规则。❹ 现在该标准仍是一些法院认定精神病的意识标准。❺ 不过，一些法院从意志方面对该标准进行修改，即为那些明知其行为是错误的、但屈从于一种不可抵抗的冲动、进而无法阻止自己去犯罪的被告人开脱罪行。❻

2. "无法控制"标准（Irresistible Impulse Test）

亚拉巴马州的法院在 Parsons v. Alabama 案❼中认为迈克纳顿标准太狭隘，在该案中确立了"无法控制"标准。在案件的审理中，法院提出了一个这样的问题：当某人受脑部疾病的影响，虽然能区别对与错，但事实上

---

❶ Ira Mickenberg, "A Pleasant Surprise: The Guilty but Mentally Ill Verdict Has Both Succeeded in its Own Right and Successfully Preserved the Traditional Role of the Insanity Defense", 55 *U. Cin. L. Rev.* 943, 944 (1987).

❷ Joshua Dressler, *Understanding Criminal Law*, New York: Matthew Bender & Company, Inc., 2001, p. 300.

❸ Michelle R. Prejean, "Texas Law Made This Mad Woman Sane," 42 *Hous. L. Rev.* 1487, 1490 (2006).

❹ Jessie Manchester, "Beyond Accommodation: Reconstructing the Insanity Defense to Provide an Adequate Remedy for Postpartum Psychotic Women," 93 *J. Crim. L. & Criminology* 713, 732 (2003).

❺ Julie E. Grachek, "The Insanity Defense in the Twenty - First Century: How Recent United States Supreme Court Case Law Can Improve the System," 81 *Ind. L. J.* 1479, 1483 (2006).

❻ ［美］乔恩·R. 华尔兹著：《刑事证据大全》（第二版），何家弘等译，中国人民公安大学出版社 2004 年版，第 465 页。

❼ Parsons v. State, 2 So. 854, 859 (Ala. 1887).

该疾病损害了他"对与错"的选择能力时，他难道不是精神病患者吗？该案的判决书阐明，如果因为自由意志受损，被告人无法在对与错中作出选择，无法避免做有疑问的事，他应当被判无罪。该标准为那些因为心理疾病而无法控制自己行为的被告人提供了精神病辩护。[1] 也就是说，该标准认为，尽管行为人可能知道自己实施的是犯罪行为，即使他知道犯罪是错误的，但因为心理疾病或缺陷他们仍然不能控制他们的行为时，其对所实施的危害行为仍不负刑事责任。该标准用诸司法实践表明，法院有意保护那些拥有迈克纳顿规则所描述的意识能力、但缺乏意志能力以致无法控制或抵制某行为的被告人。

除亚拉巴马州适用"无法控制"标准外，美国其他法院很少采纳该标准。反对这一标准的理由在于：精神病的意识标准是充分的，因为那些控制能力存在缺陷的人意识能力也是有缺陷的；心理健康专家无法可靠地评估控制能力的缺陷（特别是与犯罪行为相联系时），也难以区分无法控制与难以控制，无法控制标准将会导致错误的精神病无罪判决；在运用无法控制标准时，裁判者所问的是"某人是否能控制自己的行为"，这与人有自由意志、应当为自己的行为承担责任的法律推定背道而驰。[2]

3. 德赫姆标准（Durham Test）

1954 年美国哥伦比亚特区巡回上诉法院法官巴茨罗恩（David Bazelon）在 Durham v. United States[3] 案中适用了一个更宽广意义上的检测标准——德赫姆标准（Durham Test）[4]，即"如果被告人的不法行为是心理疾病或心理缺陷的结果，那么他不具有刑事责任能力"。在本案中，法院适用了"结果"标准，该标准免除"非法行为是精神病或精神缺陷结果"的

---

[1] Richard E, "Redding, The Brain – Disordered Defendant: Neuroscience and Legal Insanity in the Twenty – First Century," 56 *Am. U. L. Rev.* 51, 81 (2006).

[2] Richard E, Redding. "The Brain – Disordered Defendant: Neuroscience and Legal Insanity in the Twenty – First Century," 56 *Am. U. L. Rev.* 51, 54 (2006).

[3] Durham v. United States, 214 F. 2d 862 (D. C. Cir. 1954).

[4] 有学者认为，新罕布什尔州最高法院第一次阐明了"结果"标准，只不过 Durham v. United States 案较为有名，所众所周知。Rita D. Buitendorp, "A statutory Lesson From 'Big Sky Country' On Abolishing the Insanity Defense", 30 *Val. U. L. Rev.* 965, 974 (1996).

被告人的刑事责任。在该案的审理中，巴茨罗恩法官认为陪审团所考虑的不应当仅限于被告人是否知道他行为的对与错方面的事实。该标准采纳了能影响或导致犯罪行为的被告人精神病所有方面的证据，而不是将证据限制在特定的无意识或无意志能力方面。该规则被认为反映了精神病学领域的进步，也扩大了精神病辩护运用的范围。

然而，德赫姆标准并没有得到美国法院的广泛应用，其原因在于它没有对"结果"（product）作出解释。哥伦比亚特区曾是美国适用该规则的司法区，但 1972 年哥伦比亚特区上诉法院 United States v. Brawner 案中❶放弃了该标准，理由是该规则没有为法院和陪审团成员提供关于精神病不具有可责性的充分的指引。现在只有新罕布什尔州继续适用该标准。

4. 模范刑法典标准（Model Penal Code Test）

在 20 世纪 50 年代，美国法学会草拟了《美国模范刑法典》（以后逐步修订完善）。该法典规定了精神病免除被告人刑事责任的标准，法典规定："如果在犯罪行为实施之时，这种行为是精神病或精神缺陷的后果，行为人不能理解行为的犯罪性（或违法性）或不能使其行为符合法律的规定，那么他不对该行为承担责任。"❷ 这一标准包括两个方面的内容。一是与意识能力相关，即如果在行为时被告人受心理疾病的影响没有相应的能力认识到行为的犯罪性，那么他就没有刑事责任能力。二是与意志相关，即如果被告人受心理疾病或心理缺陷的影响无法使自己的行为符合法律的规定，那么他不负刑事责任。该法典还规定，在确定"心理疾病或心理缺陷"时不考虑犯罪习性或反社会行为。《美国模范刑法典》这一规则的第二个方面明显与原来的迈克纳顿规则不同。从该标准的内容看，这一标准实际上将迈克纳顿标准和不能控制标准结合在一起。

模范刑法典标准得到了广泛的接受。在欣克利被判无罪前，除了第一巡回审判区上诉法院排斥这一标准外，所有的美国联邦法院均适用了这一标准，几乎美国一半的州适用这一标准。支持者认为，美国法学会的标准

---

❶ United States v. Brawner，471 F. 2d 969（D. C. Cir. 1972）.

❷ Model Penal Code § 4. 01.

比其他标准更能与关于精神病的医学证据一致；对于陪审员理解和适用而言，这一标准不那么僵硬和简单。一般认为，相对于迈克纳顿规则和德赫姆规则而言，美国法学会关于刑事责任能力的检验标准有几个方面的优点。首先，该规则因为承认精神病可能损害意识也可能损害意志，使法律决定建立于精神病学知识基础之上。其次，美国法学会的标准允许心理健康专家证人的广泛参与，但仍将最终的决定留给陪审团。最后，美国法学会的标准要求"实质缺陷"（substantial incapacity），这被认为比迈克纳顿标准要求全部缺陷更具有现实性。

5. 精神病辩护改革法标准（Insanity Defense Reform Act Test）

20世纪80年代，美国刑事司法系统进入一个新的时代：新保守主义时代（the Neoconservative Era）。在这个时期中，社会安全极受关注，以致牺牲了精神病者的个人权利。[1] 欣克利案成功的精神病辩护对促进精神病辩护的修正者和废除者的立法议程起到了直接而深刻的影响。裁判宣判后的几个月内，以前关于精神病辩护的零星异议和分散的努力结合成了一致的努力，都希望对精神病辩护做点什么。有的主张废除精神病辩护，例如美国医学会（the American Medical Association，AMA）主张直接废除精神病辩护。有的则主张保留精神病辩护并对其进行改革，例如美国精神病学会（the American Psychiatric Association，APA）和美国律师协会（the American Bar Association，ABA）主张保留精神病辩护，不过他们放弃了原来支持的美国法学会的精神病标准，转而支持迈克纳顿标准。总体而言，欣克利案的无罪判决导致许多改革者倾向于主张保守的标准。

1984年，美国国会制定了精神病辩护改革法（the Insanity Defense Reform Act），精神病辩护的联邦标准包含了迈克纳顿标准和模范刑法典中的意识标准部分。在该标准下，"作为严重精神病或精神缺陷的结果，无法理解行为的性质或错误"时，法院可以判决被告人无罪。联邦标准废除了模范刑法典标准的意志部分，要求被告人患有严重的精神病或精神缺陷。

---

[1] Julie E. Grachek, "The Insanity Defense in the Twenty – First Century: How Recent United States Supreme Court Case Law Can Improve the System," 81 *Ind. L. J.* 1479, 1483 (2006).

联邦法院以及大约2/3的州法院现在采纳了这一标准。

6. 其他标准

除了上述标准外，美国有的州还采纳了其他标准。例如，能力减弱标准（diminished capacity），该标准允许被告人提交精神病学专家证据，以证明他缺乏指控犯罪所需的犯罪心态。如果辩护成功，那么患精神病的被告人将被无罪释放或被定较轻的罪并受到减轻的处罚。❶

三、精神病辩护案件的审理

精神病辩护案件的审理是一个较为复杂的问题，由于篇幅的限制，本文仅从以下五个方面作粗略探讨。

1. 精神病辩护的提出

精神病辩护是基于被告人的利益提出的。但实践中，对于是否提出精神病辩护，被告人与其聘请的辩护人之间可能存在观念上的不一致。这种情况下，辩护律师应当告知法院他与被告人之间的这一分歧，由法院对分歧的原因进行调查。调查的方式仅仅在于询问被告人。是否适用精神病辩护，由法院基于自由裁量权决定。❷

如果被告方决定提出精神病辩护，美国大多数州要求被告方在审前告知公诉方他将在审判中提出精神病辩护，有的州要求被告方向公诉方提供将为被告人精神病作证的证人名单。联邦法院系统也采取了这一做法。例如，美国《联邦刑事诉讼规则》规定："被告人意图以在被指控犯罪时精神不正常为由作辩护，被告人应当在规定的提出审判前申请的时限内或者在此后法庭指定的时间内以书面方式将此意图通知检察官，并将通知副本提交法院书记官，如果未遵守本规定的要求，则不能提出精神不正常的辩护。""如果被告人意图提供关于被告人患有精神病、精神缺陷或其他与承

---

❶ John Q. La Fond, Mary L. Durham, "Conitive Dissonance: Have Insanity Defense and Civil Commitment Reforms Made a Difference?" 39 *Vill. L. Rev.* 71, 79 (1994).

❷ Sara Longtain, "The Twilight of Competency and Mental Illness: A Conciliatory Conception of Competency and Insanity," 43 *Hous. L. Rev.* 1563, 1592 (2006).

担刑事责任相关的精神状况的专家证言，被告人应当在规定提出审判前申请的时限内或者在此后法庭指定的时间内以书面方式将此意图通知检察官，并将通知副本提交书记官。"这一规定的目的在于为公诉方提供充分的时间以便在审判中对被告人的精神病辩护加以反驳，也使法院有机会要求被告人提交精神病学鉴定。如果被告方准备提出精神病辩护，那么被告人将在审判前的一个特定时间内被移交给精神病者管理机构，通常是60天至90天，在这段时间内进行精神病鉴定。根据《美国模范刑法典》的规定，当被告方以书面形式告知其准备提出精神病辩护时，法院应当委派一名以上有资格的精神病专家或请求医院指定一名以上有资格的精神病专家鉴定被告人的精神状态。法院可以允许被告人委托的有资格的精神病专家会同诊断。❶ 为了避免违反宪法赋予被告人的特权，即在审判中反对自证其罪（self‑incrimination），一些司法区在审判中禁止公诉方援用被告人对精神病学专家所作的陈述，除非引用是针对精神病本身。

2. 精神病辩护案的审理程序

对于陪审团何时考虑精神病辩护，学者们多数主张只有在犯罪的所有要素均成立后才可能适用精神病辩护。例如，有学者认为，如果犯罪的某个要素不符合，被告人均可直接宣告犯罪不成立，没有必要提出精神病辩护。❷ 有学者认为：陪审团作出的裁决的顺序是极其简单的……他们首先在每一争议问题上决定该问题是属于有罪还是无罪……然后，只有被告至少在一条罪状上被认为有罪时，他们才接着去考虑精神失常这一问题。❸ 美国联邦最高法院也支持这样的观点。在 Leland v. Oregon 案中，联邦最高法院认为，陪审团只有在所有犯罪要素均被证明到排除合理怀疑的程度后才考虑因精神病而裁定无罪的问题。❹ 在 Patterson v. New York 案中，联邦

---

❶ Model Penal Code § 4.05.

❷ Ira Mickenberg, "A Pleasant Surprise: The Guilty but Mentally Ill Verdict Has Both Succeeded in its Own Right and Successfully Preserved the Traditional Role of the Insanity Defense", 55 *U. Cin. L. Rev.* 943, 952 (1987).

❸ Douglas N. Husak, *Philosophy of Criminal Law*, New Jersey: Rowman & Littlefield Publishers, 1987, p. 197.

❹ Leland v. Orego, 343 U. S. 790, 794 (1952).

最高法院再次确认：只有在所有的犯罪要素（包括所要求的犯罪心态）均被考虑后才考虑精神病辩护问题。❶

正是因为这种辩护的阶段性存在，在美国刑事审判中如果有精神病辩护时，通常采用分别审理程序（the bifurcation of the trial）。正如有学者所言：如果法院确定有精神病辩护和其他可能的辩护存在时，法官应当适用分别审理程序。除精神病辩护外其他任何无罪辩护都应当在第一阶段程序中进行审理；只有这些辩护不成功后，才在第二阶段程序中审理精神病辩护。❷ 分别审理的具体情况是：第一阶段中，由公诉方提出案件中除精神状况外的所有情况。在本阶段结束后，事实裁定者（陪审团或法院）对案件进行考虑并作出有罪还是无罪的判断。如果裁定是无罪，就无需考虑被告人的精神病问题。如果裁定被告人有罪，审理将进入第二个阶段。在本阶段中只解决被告人的精神病主张。审理中陪审团或法官（如果不是陪审团审判的话）考虑精神病学专家的证据，并作出第二个裁定，这个裁定可能是有罪裁定，也可能是因为精神病而无罪的裁定。

一般认为，精神病辩护案件分别审理有四个方面的目的❸：一是节约时间。如果陪审团在第一阶段程序中所作出的裁定是无罪裁定，就没有必要在精神证据方面浪费时间。二是减少混淆。如果陪审团能在第一阶段程序作出裁定的话，就无需考虑复杂的精神病学证据。三是减少作出妥协裁定的可能性。在单一的体系中，陪审团对被告人是否参与了犯罪存在合理怀疑，但确信他是精神病患者，陪审团可能会作出妥协裁定，即认定他有精神病而不是对他直接作出无罪裁定。四是为被告人提供保护，以防止自证其罪。在单一体系中，被告人可能会被要求对其危害行为实施时的心理状态进行鉴定。在鉴定过程中，被告人要回答一些与心理状况无关的问题。而在分阶段进行的情况下，在第一阶段程序中被告人可以完全保持沉

---

❶ Patterson v. New York, 432 U. S. 197, 206 (1977).

❷ Sara Longtain, "The Twilight of Competency and Mental Illness: A Conciliatory Conception of Competency and Insanity", 43 *Hous. L. Rev.* 1563, 1595 (2006).

❸ Joshua Dressler, *Understanding Criminal Law* (3rd edition), New York: Matthew Bender & Company, Inc. , 2001, pp. 339 – 340.

默，迫使公诉方运用独立的证据证明他实施了危害行为。

3. 精神病的证明责任分配与证明标准

从英美法系刑法学著作的表述看，犯罪成立包括两个方面的要件：表面要件和实质要件。表面要件包括两方面的要素：危害行为和犯意。正如有学者所言："一般说来，犯罪包括两方面的要素：危害行为（actus reus），即犯罪的物理或外部部分；犯意（mens rea），即犯罪的心理或内在特征。"❶还有学者认为："通常将犯罪分为两个要素：危害行为和犯意，任何犯罪均可分解为这些因素。例如，谋杀是故意杀害他人的犯罪，谋杀罪的行为是杀人，犯意是故意。"❷ 从这些学者的观点看，犯罪表面成立必须犯罪外部要素（危害行为）和内部要素（犯意）同时存在。犯罪实质成立要件即无罪辩护事由不存在。犯罪表面要件成立并不一定说明犯罪成立，只有犯罪表面要件成立的前提下无罪辩护事由不成立，行为才构成犯罪。

犯罪的成立涉及证明责任的分配和证明标准问题。英美法系中刑事证明责任的确立具有里程碑式意义的是 Woolmitlgton v. DPP 案。在该案中英国上议院首席大法官三其（Sankey）伯爵说："在英格兰整个刑事法网上总可以看到一根金线，即除了我已经说过的精神错乱辩护和一些法定例外情况，证明被告人有罪是公诉方的责任……无论指控的是什么罪行，也无论是在哪里审判，公诉方必须证明被羁押者有罪的规则是英格兰普通法的一部分，任何削弱或损害这一规则的企图都是不允许的。"❸ 这就确立了一个规则，即在刑事审判中说服事实裁判者被告人有罪的责任由公诉方承担。这是英美法系刑事审判中的首要规则。该规则是法官必须发出的、每个陪审团必然接到的指示之一。在这一规则下，从审判开始到结束，证明责任都在公诉方，公诉方必须证明成立犯罪的某一犯罪行为的所有因素。被告人没有证明其无罪或证明构成所指控的犯罪的必要事实不存在的责

❶ Joshua Dressler, *Understanding Criminal Law*, New York：Matthew Bender & Company, Inc.，2001，p. 81.
❷ Nicola Padfield, *Criminal Law*, Beccles and London：Reed Elsevier（UK）Ltd.，2002，p. 21.
❸ Raymond Emson, *Evidence*（2nd edition），New York：Palgrave Macmillan，2004，p. 424.

任。陪审团对于被告人是否有罪没有确信或对被告人的罪行存在任何合理怀疑时，对于该怀疑必须作出有利于被告人的裁决。

美国刑事审判中完全遵循了这一规则，例如 1935 年美国联邦最高法院在 Leland v. Oregon 案中认为："将案件证明到排除合理怀疑的程度是政府的责任，这是我们法律中的基本观念，是自由社会的基本要求，是法律正当程序的保障。"❶ 在 In re Winship 案中，美国联邦最高法院再次确认，根据宪法正当程序条款的要求，政府应当将指控犯罪的每一个要素证明到排除合理怀疑的程度。❷ 由于美国犯罪成立要求表面要件和实质要件同时成立，公诉方证明了表面要件后，被告方可以提出积极辩护主张自己无罪。精神病就是一种典型的积极辩护事由。❸

在对抗式的诉讼中，当被告人以精神病为由主张自己无刑事责任能力或不具有所指控犯罪的犯意时，是由被告人证明精神病成立还是由公诉方证明被告人精神正常，这是法学家们争论的问题。有的学者从美国联邦最高法院的判例出发，基于宪法正当程序条款，认为精神正常是犯罪的要素，应当由公诉方承担被告人精神正常的刑事责任。他们认为，法律上的精神病否定了被告人形成犯意的能力，因此为了证明犯罪成立，公诉方应当证明被告人在实施危害行为时精神正常。而主张被告人应当承担证明责任的学者则认为，精神正常不是公诉方应当证明的犯罪成立的要素。例如，有人认为："既然精神病不是所指控的犯罪的法定要素，那么将证明精神病的责任赋予被告人就是合宪的，正如美国联邦最高法院在判例中所认可的一样。"❶ 相反，他们认为精神病辩护确认被告人不知道或不能理解其行为的错误性，即使他具有犯罪成立所要求的意图他也不具有可罚性。这些学者将否定犯意的证据与被告人精神正常的证据区别开来。因此，他们认为公诉方应当承担成立犯罪所要求的所有犯罪要素的证明责任，但被

---

❶ 343 U. S. 790, 795, 1005, 1006 (1952), pp. 802 – 803.

❷ 397 U. S. 358 (1970), p. 364.

❸ Daniel J. Nusbaum, "The Craziest Reform of them all: a Critical Analysis of the Constitutional Implication of 'Abolishing' the Insanity Defense", 87 *Cornell L. Rev.* 1509, 1517 (2002).

❶ Fernand N. Dutile, Thomas H. Singer, "What Now For the Insanity Defense?" 58 *Notre Dame L. Rev.* 1104, 1108 (1983).

告人必须承担精神病的证明责任。❶

从实践情况看,在19世纪,一些法院要求公诉方必须承担被告人精神正常的证明责任。到20世纪中期,美国有28个司法区要求公诉方将被告人的精神正常证明到排除合理怀疑的程度,有23个司法区要求被告方以优势证据证明被告人精神不正常。❷ 在公诉方承担证明责任的州,一旦被告人提出证据支持精神病辩护,公诉方就被要求排除合理怀疑地证明被告人精神正常。在欣克利案的审理中,公诉方承担证明欣克利在试图刺杀总统时精神正常,证明程度为排除合理怀疑。欣克利无罪判决的批评者认为,排除合理怀疑地证明任何人精神正常事实上是不可能的。他们认为,尽管在刑事案件中,将证明责任置于公诉方是传统做法,但基于被告人无罪的推定,在精神病辩护的案件中,这样的要求是不合理的,因为精神病证据非常复杂,而且对精神正常又极易提出合理怀疑。

欣克利的无罪判决又重新点燃了精神病辩护案中到底由哪一方承担证明精神病成立或不成立责任合理分配的争论。从立法改革看,在欣克利被无罪判决后,在1982年至1990年,16个州改变了精神病案中的证明责任分配以及证明标准。改革后,联邦法院和大多数州法院(75%)均要求被告人以优势证据(preponderance of the evidence)或清晰而确信的证据(clear and convincing evidence)证明精神不正常。❸

4. 精神病辩护案的裁定

当某被告人提出精神病辩护时,以前陪审团可能作出以下三个裁定之一:(1)"无罪"(not guilty),这意味着无论被告人的精神状况如何,因公诉方没有证明犯罪的所有要素而使被告人无罪;(2)"因精神病而无罪"

---

❶ Henry J. Steadman, *Before and After Hinckley*: *Evaluating Insanity Defense Reform*, New York: the Guilford Press, 1993, p. 64.

❷ Joshua Dressler, *Understanding Criminal Law*, New York: Matthew Bender & Company, Inc., 2001, p. 539.

❸ Henry J. Steadman, *Before and After Hinckley*: *Evaluating Insanity Defense Reform*, New York: the Guilford Press, 1993, pp. 63 - 64.

（Not Guilty by Reason of Insanity，NGRI）❶，这意味着公诉方已经证明了犯罪的所有要素，但被告人也符合精神病的法律定义，因此不具有可责性；（3）"有罪"（guilty），这意味着公诉方证明了所有的犯罪要素，被告人不符合精神病的法律标准。

　　根据上述三种裁定，精神病辩护通常只能适用于那些因精神病无法理解自己行为性质或无法使自己的行为符合法律要求的被告人，这无法免除或减轻那些因心理疾病而使意识能力或意志能力受损（但没有达到精神病法律标准）的被告人的刑事责任。这些被告人因为行为时能作出对与错的选择，应当承担刑事责任，但也应当承认他们因心理疾病而能力受到一定程度的损害，故应当宣告他们的行为构成犯罪时减轻或免除惩罚，但应当向他们提供心理疾病治疗，以期在释放后不再重新犯罪。基于此，美国部分州出现了第四种判决，即有罪但患有心理疾病（Guilty But Mentally Ill，GBMI）。这种判决是介于因应承担完全刑事责任而作出的有罪判决（guilty）和因精神病而作出的无罪裁定（NGRI）之间的一种判决。如果陪审团认为在危害行为实施之时被告人有心理疾病，但这种疾病又没有严重到符合精神病的法律标准，那么陪审团就可以对被告人作出"有罪但患有心理疾病"的裁定。

　　在这种判决下，犯罪者也应当被判处刑罚，但犯罪者将在监狱中或者精神病机构中得到精神病治疗。如果在所判刑期内犯罪者的心理疾病被治愈，他将要执行完毕剩余刑期。有学者认为，"有罪但患有心理疾病"的

---

　　❶　1800 年 James Hadfield 案的判决开创了精神病无罪判决之窗。Hadfield 相信他受上帝的派遣实施自我牺牲行为以拯救世界，在伦敦的一个剧院向国王 King George 开枪射击。在审判中，如果他不是朝国王开枪射击而被指控构成叛国罪，很容易得到完全无罪的判决。在审判时 Hadfield 明显是一个精神病者，许多证人证明了他的疯狂心态。而且，在审判中一些医生认定他发狂行为是由于脑部受伤（他在六年前法国的一场战斗中受伤）所致。陪审团裁定被告人在公诉团一个成员的要求下，陪审团在"无罪"裁定中加了一句"在行为发生时受精神病的影响"。这就是"因精神病而无罪"裁定的开始。Abraham L. Halpern，"The Insanity Verdict, The Psychopath, and Post - Acquittal Confinement"，*Pacific Law Journal*，April，1125，1130（1993）.

裁定可以被视为"部分"或"不成功"的精神病辩护。❶

对于第四种判决，分别存在支持与反对的声音。支持者认为，这种判决是对"因精神病而无罪"裁定的一种补充而不是要取代这种裁定，它可以减少不恰当的因精神病而宣告无罪的判决；它使犯罪人得到精神病治疗；它可能防止精神病紊乱且具有危险性的人危害社会。一些州的法院和美国联邦最高法院认为，这种判决没有违反正当程序条款，没有违背平等保护原则，被告人的自由也没有受到宪法禁止的残忍和异常之刑的影响。❷而反对者则认为，对陪审团而言，心理疾病与精神病难以区分；只要国家愿意，任何被判构成犯罪者均可以得到精神治疗；这种判决无法确保心理疾病患者得到治疗，尤其是国家财政危机之时；陪审团可能因这种判决的存在而作出折中判决，以致减少本应当作出的"因精神病无罪"的判决（甚至有人认为，这种判决实际上是废除了"因精神病而无罪"判决❸）。

自从 1975 年密歇根州法律中首先确认了这种裁定以来，这种裁定在伊利诺斯州、密歇根州、阿拉斯加州、印第安纳州等 13 个州采纳了这种裁定。

5. 精神病辩护案中专家证人的作用

在精神病辩护的刑事案件中，精神病学、心理学等方面的专家证词❶将是事实裁定者认定案件事实的重要依据，所以专家证人对于案件的处理结果通常具有重要意义。如何正确处理专家证人在诉讼中的地位，长期以来是立法者、司法者和学者们思考的问题。对于精神病辩护案件中专家证

---

❶ Ira Mickenberg, "A Pleasant Surprise: The Guilty but Mentally Ill Verdict Has Both Succeeded in its Own Right and Successfully Preserved the Traditional Role of the Insanity Defense", 55 *U. Cin. L. Rev.* 943, 989 (1987).

❷ Amy D. Gundlach - Evans, "State V. Calin: The Paradox of the Insanity Defense and Guilty but Mentally Ill Statute, Recognizing Impairment Without Affording Treatment", 51 *S. D. L. Rev.* 122, 141 (2007).

❸ Comment, "Guilty But Mentally Ill: Broadening the Scope of Criminal Responsibility", 44 *OHIO ST. L. J.* 797, 819 (1983).

❶ 在审判中提出关于精神正常与否的专家证词，不但要求提出者是具有适当资格的专家，而且要求这些证据遵循专家证词的其他规则。Henry F. Fradella, "From Insanity to Beyond Diminished Capacity: Mental Illness and Criminal Excuse in the Post - Clark Era", 18 *U. Fla. J. L. & Pub. Pol'y* 7, 50 (2007).

人的地位，存在两种完全对立的观念。有的人主张完全排斥专家证言的运用。例如有人认为：将对基本的法律和道德问题的回答交到那些未受训练的医学专家手中是一种无能的表现。❶ 有人认为，由于英美法系实行对抗制，对抗双方均会聘请精神病学专家作为己方证人，这样诉讼中就成了精神病学专家之间的"战斗"，案件的证明与认定就不再是法律工作者的任务了。❷ 不过多数人则主张发挥专家证人的作用，因为没有专家证人的帮助无法对实施危害行为的精神病人作出正确的处理。例如有学者认为，现实生活的复杂性和多样性使陪审员在某些情况下需要专家的帮助才能处理案件，众多案件中有关技术方面的问题已远远超出需要作出罪行有无判断的陪审员的能力。让专家证人以意见或推论的形式作出证言是合理的，因为专家具有陪审员所不具有的专门知识和技能。❸ 有人认为，专家证人的必要性在于，"依据专家们在特定领域中的专门知识，他或她有能力根据事实作出陪审团不能作出的推定"❹。

实际上，要正确定位精神病学专家在刑事诉讼中的地位，就应当正确处理法学与精神病学、心理学之间的关系。因为只有正确构建法律概念和精神病学概念之间的关系，才能使精神病学相关信息为法律所用而又不危及法律的社会目标。

《美国联邦证据规则》（*Federal Rules of Evidence*）承认了专家证人的法律地位，该规则第 702 条规定："如果科学、技术或者其他专业知识有助于事实审判者理解证据或者确定争议事实，凭借其知识、技能、经验、训练或者教育有资格为专家的证人可以用意见或其他方式作证。"美国联邦

---

❶ ［美］乔恩·R. 华尔兹：《刑事证据大全》（第二版），何家弘等译，中国人民公安大学出版社 2004 年版，第 466 页。

❷ 有人甚至认为专家证人在刑事审判中起了过分的作用而主张废除精神病辩护。例如，蒙大拿州议员 Keedy 在 1979 年提出废除精神病辩护议案时称，精神病辩护使心理学专家占领了州的刑事审判。See Rita D. Buitendorp, "A statutory Lesson From 'Big Sky Country' On Abolishing the Insanity Defense", 30 *Val. U. L. Rev.* 965, 974 (1996).

❸ ［美］乔恩·R. 华尔兹：《刑事证据大全》（第二版），何家弘等译，中国人民公安大学出版社 2004 年版，第 430 – 431 页。

❹ Glen Weissenberger & James J. Duane, *Federal Evidence* (4th edition), Anderson Publishing Co., 2001, p. 360.

最高法院在 Ake v. Oklahoma 案中对专家证人的作用作了正面的、积极的、肯定性的评价。美国联邦最高法院认为：没有精神病学专家运用他们的专业知识对被告人相关情况进行鉴定的帮助，提出专家证言，以确定精神病辩护是否合理，对被告人精神状况作出错误判断的风险就会极高。在精神病学专家的帮助下，被告人完全可以以有意义的方式给陪审团提供充分的信息，以确保陪审团作出合理的判断。[1]

不过，即使主张发挥精神病学专家作用的人也担心专家们会不当超越其本来的作用。例如，有人认为，精神病学专家会对最终的法律决定产生不当影响，使法律取决于非法律的概念。[2]有人认为，精神病学专家和心理学专家在法庭上的作证可能不当地主导审判或可能通过提供结论性的意见而取代法官或陪审团的功能。

这种担心并非没有道理。英美法系的普通法传统认为，对案件争议的最终问题的决定权属于陪审团（或作为事实裁定者的法官），因此证据规则一直禁止证人对案件的最终问题发表意见，以防止意见证据侵蚀专属于事实裁定者的权力。在精神病辩护案中，精神病学专家对被告人的精神状态发表意见，会左右事实裁定者的判断；如果不对专家证人的言辞做出限制，其作用甚至会取代事实裁定者而成为案件事实上的事实裁定者。

正确定位精神病专家在诉讼中的地位，就要在承认其积极作用的同时防止其作用的不当发挥。美国律师协会（ABA）、美国精神病学会（APA）和全国精神健康学会（National Mental Health Association，NMHA）以及大多数专家学者均认为，精神病学专家应当将他们的证词限制于他们专业知识领域，不应当对被告人在实施非法行为时是否属于法律上的精神病这一法律问题发表个人见解。为了防止精神病学专家在作证时事实上越俎代庖，发挥事实裁定者应有的功能，《美国联邦证据规则》第704条（b）款规定："在刑事案件中，关于被告人精神状态或者境况的专家证人证词不能对该被告是否属于被指控的犯罪成立要素或相关辩护要素的精神状态或

---

[1] Ake v. Oklahoma, 407U. S. 68, 105S. Ct. 1087（1985）.

[2] Peter Dahl, "Legal and Psychiatric Concepts and the Use of Psychiatric Evidence in Criminal Trials", 73 *Calif. L. Rev.* 411, 411（1985）.

者境况表态，此类最终争议应由事实裁判者独立决定。"

四、因精神病而被判无罪者的关押与释放

从裁定种类看，精神病可能成为无罪的辩护理由，也可能成为罪轻的辩护理由。在判决后，对于符合精神病法律标准或不符合该标准但具有心理疾病者如何处理，关及行为人宪法性权利的保护又涉及公共安全。一般而言，对于具有精神病或患有心理疾病者存在一个关押、治疗与释放的问题。本文仅拟对因精神病而被判无罪者的关押和释放问题作简要分析。

1. 因精神病而被判无罪者的关押

1800 年以前，在英格兰的许多司法区，如果发现被告人因精神病而不负刑事责任时，就会直接作出无罪判决，没有特别规定约束他以确保社会的安全。这种做法激起了社会公众对精神病辩护的普遍反感，因为这种做法使社会公众处于精神病者实施危害行为的危险之中。1800 年英国通过了《精神错乱者犯罪法》（*Criminal Lunatics Act of* 1800）。根据该法的规定，所有基于精神病被裁定无罪者均应被关押于封闭场所直到精神正常为止。这种封闭场所有包括精神病医院和监狱，实际上当时精神病医院的条件比监狱还差。在 19 世纪早期，绝大多数实施危害行为的精神病者被关押在监狱中。

美国关押因精神病而被裁定无罪者的方式从 Rex v. Hadfield 案发端❶。在美国，因精神病而裁定无罪者被关押在安全设施中，包括精神病患者治疗机构和监狱。为了保障社会的安全和使精神病患者得到治疗，强制关押这类人一直被一些法官、立法者视为一种合理的方式。例如，在 State v. Jones 案中，法院认为如果判决是因为精神病的理由而被判无罪，那么被告人不能被释放，为了安全起见，将行为人关押于精神病院或监狱是法院的责任。❷ 这种做法得到了社会的支持。在 20 世纪 50 年代，一个"精神病

---

❶ Abraham L. Halpern, "The Insanity Verdict, The Psychopath, and Post – Acquittal Confinement", *Pacific Law Journal April*, 1125, 1132 (1993).

❷ State v. Jones, 50 N. H. 369, 381 (1871).

学的进步"的团体在其关于"刑事责任与精神病专家证言"的报告中建议：当因精神病而无罪的裁定作出后，法院应当立即将被告人委托给管理的公共机构，以便对其关押、看管和治疗。除非并且直到该被告人重新获得了判断能力和对自己事务、社会关系的控制能力，他才能被解除关押。

不过，到了20世纪60年代，一些改革约束了政府对精神病患者非自愿关押的权力，鼓励将精神病人置于社会中进行治疗。在未征得同意的情况下，只有那些患有精神病且具有危险性的人才可以被关押。20世纪70年代至80年代美国社会逐渐保守化，以牺牲社会安全为代价保障精神病人权利这一做法受到了抨击。在80年代，将精神病犯人关押不再以治疗为首要目的，而在于确保他们受到适当的刑罚惩罚（尽管他们患有精神病）。❶以华盛顿为代表的一些州在非自愿关押方面掀起了保守性的改革潮流，即通过立法或对法律作扩大解释，扩大州政府的权力，以关押那些精神病患者，即他们对他们自己或其他的人没有危险。❷

在美国，行为人因精神病而被裁定无罪后是否被关押有两种模式。一是自动移交模式。在此种模式下，行为人因精神病而被裁定无罪后无需经过决定其是否继续患有精神病或是否有人身危险性的听审程序，便将行为人移交给相关的机构。❸美国法学会在其草拟的模范刑法典中曾极力推崇这一模式，主张无论什么情况下只要作出了因精神病而无罪的判决，应当对判无罪的人强制性移交相关的机构，以便对其进行关押、照看和治疗。制定者认为："自动移交的规定……不仅为公众提供了即时的保护，而且

---

❶ Julie E. Grachek, "The Insanity Defense in the Twenty – First Century: How Recent United States Supreme Court Case Law Can Improve the System", 81 Ind. L. J. 1479, 1486 (2006).

❷ 美国联邦最高法院虽然支持对因精神病而被判无罪者进行关押，但这种关押以行为人存在人身危险性为基础。例如在 Jones v. United States 案中，联邦最高法院认为："当刑事被告人以优势证据证明他因精神病的理由而不构罪时，宪法允许政府基于精神病判决，将被告人禁闭于精神病机构，直到他精神正常或不再危及自身或社会为止。" Jones v. United States, 463 U. S. 354 (1983).

❸ 美国联邦最高法院在 Addington v. Texas 案［441 U. S. 418, 426 – 27 (1979)］中认为，除非政府以清晰而确信的证据证明某人正在患精神病并且对他自己或其他人存在危险，否则不应当将此人移交给精神病机构。不过，实行自动移交的州则认为刑事审判中的精神病裁定本身即是行为人正在患精神病并且具有危险性的可信依据，无需进行另行的听证。

通过使无刑事责任能力辩护更能为社会公众和陪审员接受而有益于精神错乱者或精神缺陷者。"而且,还有人认为这种自动移交模式可以防止精神病辩护的滥用。二是区别移交模式。在这种模式下,行为人因精神病而裁定无罪后,原审法官有权要求其被临时关押于精神病机构中,通过观察与鉴定,以决定他是否应当被不定期地关押。这就存在一个移交关押的标准问题,一般而言这一标准即因精神病而对自身或他人具有危险性。

2. 因精神病而被判无罪并被关押后的释放

精神病人被关押是有条件的,即行为人被关押是因为有精神病,或因为有精神病而对自己或他人具有危险性。如果其精神病被治愈或精神病没有治愈但对自己或他人没有危险性,那么他就应当被释放。至于精神病人被关押时间的长短,很大程度上取决于他是否达到了释放的条件。从实际情况看,精神病人被关押治疗的时间通常要比因犯罪而被关押在监狱的时间长。正如有学者所言:这种情况下,犯罪的严重性与关押时间长短不存在相称性观念,因为关押的目的在于治疗而不在于惩罚。❶

释放程序各州存在较大的差异。从申请情况看有两种模式。一是精神病治疗机构可以基于被治疗者达到了释放条件而申请法院释放此人,原来命令将此人移交治疗的法院仍享有管辖权。❷ 根据《美国模范刑法典》的规定❸,法院接到申请后应当委派二名以上有资格的精神病专家在 60 日内对被关押者进行鉴定并提出报告。如果报告认为被关押者达到了释放标准,法院就应当裁定将其无条件或附条件释放。如果法庭不能确信被关押者是否达到了释放标准,就应当迅速召开听证会。在法院的听审中,被关押者承担证明自己达到了释放条件的责任。二是被关押者自己申请。根据《美国模范刑法典》的规定,被关押者自己可以申请法院无条件释放或附条件释放,其程序与前一模式基本相同。不过,被关押者自己的申请如果

---

❶ Joshua Dressler, *Understanding Criminal Law*, New York: Matthew Bender & Company, Inc, 2001, p. 354.

❷ Joshua Dressler, *Understanding Criminal Law*, New York: Matthew Bender & Company, Inc., 2001, p. 354.

❸ Model Penal Code § 4.08.

在被关押的 6 个月内提出，法院具有完全的决定权，即使被关押者不同意该裁定，对该申请也无需听审。无论哪种模式中，法院的裁定可能是以下三个裁判之一，即无条件释放、附条件释放和不予释放。如果被关押者被附条件释放，在释放后的 5 年内，法院经听取有关证据后认为被释放者没有遵守该条件，为保护其本人或他人的必要，法院应当撤销其释放决定，并立即命令将其再次关押。无论哪种模式中，对于申请时间均有限制，即在特定时间内（通常是移交后 90 天至 1 年内）不得申请释放。

五、借鉴：我国精神病辩护制度构建的方向

我国《刑法》第 18 条规定，精神病人在不能辨认或者不能控制自己行为的时候造成危害结果，经法定程序鉴定确认的，不负刑事责任。因此，精神病是行为人无罪辩护的重要事由。近年来频发的重大刑事案件中均有精神病辩护事由的提出，例如马加爵案、邱兴华案、黄文义案，辩护方均以精神病为辩护事由加以辩护。由于我国刑事法中的精神病辩护制度不完善，社会公众、学者和司法人员对于精神病辩护存在的合理性、精神病的标准、精神病案件的审理和因精神病而被判无罪者的关押与释放等方面均存在理解上的不一致。

虽然美国也存在废除精神辩护制度的声音，但实践表明，精神病辩护制度在美国刑事诉讼中仍发挥着重要的作用。但我国司法实践中精神病辩护的成功案例极少。虽然导致这种情况出现的原因是多方面的，但精神病辩护制度的缺失恐怕是其中一个重要的原因。我们有必要尽快完善精神病辩护制度。一是明确精神病辩护的必要性，说服社会民众精神病辩护制度存在的合理性。二是思考我国精神病的法律标准，加强法学与精神病学的联系，合理确定我国精神病的法律标准。三是完善精神病案件的审理。我国刑事诉讼法对于精神病辩护案件审理没有特殊的规定，实践中有无精神病辩护对于刑事诉讼没有任何影响，没有基于精神病辩护事由确立具有针对性的诉讼程序。美国刑事诉讼中精神病辩护案件的审理或许为我国刑事诉讼程序的完善提供了一个可资借鉴的样本。在完善中，我们应当重点考

虑精神病辩护何时提出、精神病辩护案的审理程序是否应当分步进行、精神病的证明责任分配与证明标准与普通案例是否应当有差别、精神病辩护案的裁定有什么特殊内容以及精神病辩护案中专家证人的作用如何定位。四是完善因精神病而被判无罪者的关押与释放制度。我国《刑法》规定，对于因精神病而无法承担刑事责任的行为人，法院应当责令他的家属或者监护人严加看管和医疗；在必要的时候，由政府强制医疗。现行《刑事诉讼法》也有专章规定"依法不负刑事责任的精神病人的强制医疗程序"。但通常情况下，行为人被确定为完全无刑事责任能力的精神病患者后，大多数人是由其监护人领回，由监护人加以看管和医疗，而只是在特殊的情况下才由政府负责医疗。而且《刑事诉讼法》还规定："被强制医疗的人及其近亲属有权申请解除强制医疗。"我国监护人主导因精神病而被判无罪者的看管及治疗与美国政府主导的看管与治疗存在较大的差异。笔者认为，从社会安全和精神病人的治疗出发，政府应当肩负起这个责任。这对于解除民众对精神病人再次危害社会的顾虑，确立精神病辩护的社会基础也有裨益。

美国刑事法中的能力减弱辩护及其借鉴[*]

摘　要："能力减弱"是美国刑法中的一个辩护事由。该辩护主要基于精神病或缺陷否定犯罪成立要件中的犯意要素，以否定控方指控的罪名，从而达到罪轻辩护的目的。该辩护起源于苏格兰的普通法。虽然该辩护无论是理论上还是实践中均存在一些争议，但现在已被美国部分州法院采纳。一般在法院开庭审理前由被告方告知法院将提出该辩护，然后提交精神病或缺陷的证据。庭审中一般由被告方对自己能力减弱辩护承担证明责任，由事实裁判者裁定其精神病或缺陷是否影响到被告人无法形成指控犯罪所需的特定犯意，并作出是否减轻刑事责任的判决。我们可以借鉴美国刑事法中的能力减弱辩护对我国刑事诉讼中基于精神病的限制刑事责任能力辩护制度加以完善。

关键词：美国刑事法；精神病或缺陷；能力减弱辩护，借鉴

在美国刑事法中，能力减弱辩护是一个极具争议的问题。正如有学者所说："尽管能力减弱辩护（diminished capacity defense）的历史时间不长，但给学者和法学专业的学生带来了麻烦和疑惑。"❶ 从实践看，由于能力减

　＊ 本文发表于《法商研究》2012 年第 5 期。

　❶ Richard G. Singer, John Q. La Fond, *Criminal Law*, New York：Aspen Publishers, 2007, pp. 511－512.

弱这一概念存在司法混乱，许多州关于"能力减弱"的法律不明确❶，对待能力减弱辩护态度各异。本文试图对美国刑事法中的能力减弱辩护作粗略的介绍，并结合我国实际提出借鉴思路。

一、能力减弱辩护的界定及分类

（一）能力减弱辩护的界定

"能力减弱"通常是指被告人心理能力无法达到犯某罪所必需的心理状态；有时又称为部分精神病辩护，即被告人的心理状态达不到精神病辩护时，它允许案件的事实裁判者在减轻处罚或降低犯罪程度时考虑被告人的心理状态缺陷。❷被告人以"能力减弱"为理由提出的辩护即能力减弱辩护。

对于能力减弱，我们可以作以下几个方面的理解：

（1）能力减弱与犯意相关。能力减弱是指心理能力的减弱。心理能力包括意识能力和意志能力。前者就是被告人犯罪时对自己行为的性质、后果、刑法上的意义等方面的认识；后者是被告人基于这种认识对自己行为所持的态度或控制行为的能力。而认识能力与控制能力本身就是犯意的内容。

（2）能力减弱与被告人的精神因素相关。人的心理能力与心智和精神因素相关。如果行为人的智商低，其认识能力和控制能力会与常人有异；精神不正常也会对人的心理能力产生影响。当被告人患有某些精神病或具有精神缺陷时，其心理能力会减弱。但这里的精神病或精神缺陷与精神病辩护中的精神病不同，前者是达不到法定标准的精神病或精神缺陷。能力减弱辩护允许被告人在没有充分的精神病辩护的情况下主张自己因心理能

---

❶ Joshua Dressler, *Understanding Criminal Law*, New York：Matthew Bender & Company, Inc., 2008, p. 369.

❷ *Black's Law Dictionary* (5th), St. Paul, Minn：West Publishing Co., 1979, p. 412.

力减弱而不能形成指控犯罪所需的犯意。❶

（3）能力减弱影响刑事责任的大小。能力减弱通常导致被告人认识能力或意志能力降低。因此，能力减弱的法律后果往往是重罪改为轻罪，或处罚上减轻。正如有学者所言："这一制度下，被告方提供证据证明自己心理缺陷或障碍导致无法形成犯罪所需的心理要素，如预谋和故意。能力减弱辩护的后果，在杀人案中，是减轻犯罪的程度而不是宽恕他的罪行。"❷

虽然基于能力减弱的辩护也与精神因素相关，但它与精神病辩护有明显的区别。这种区别体现在以下三个方面：

（1）能力减弱辩护并非能针对所有的犯罪提出。精神病辩护可以针对任何犯罪提出，即无论行为人实施了什么样的危害行为，只要其行为时因精神病而无认识能力或控制能力，他就可以提出精神病辩护。但实践中，能力减弱辩护一般只针对诸如谋杀罪这些具有特定犯意的犯罪提出（在模范刑法典模式下理论上可以针对任何犯罪，笔者后文会论及）。正如有学者所言："精神病辩护与能力减弱辩护是两个不同的概念。在使用两个概念的司法区，精神病辩护适用于所有的犯罪，而能力减弱辩护仅仅是确立被告人不具有形成特定犯罪所需的犯意的能力的方式。有时能力减弱辩护是罪轻辩护，例如被告人因为责任能力减弱而被认为不构成一级谋杀罪，因此自动地构成低级别的杀人罪。"❸

（2）能力减弱辩护是为了减轻刑事责任的程度，精神病辩护是为了无罪判决。精神病辩护虽然也与心理状况相关，但成功的精神病辩护完全否定刑事责任，寻求无罪判决。能力减弱辩护通常不否认自己成立犯罪，因为精神病或缺陷的影响无法形成指控犯罪所需的特定犯意，不构成所指控的犯罪，但可能成立较轻的犯罪。因此该辩护的后果主要是减轻罪责的程

---

❶ Laurie L. Levenson, *The Glannon Guide to Criminal Law*, New York：Aspen Publishers, 2009, p. 389.

❷ Joseph G. Cook, etc, *Criminal Law*, New York：Matthew Bender & Company, Inc., 2009, p. 912.

❸ John M. Burkoff, Russell L. Weaver, *Inside Criminal Law*, New York：Aspen Publishers, 2011, p. 235.

度，一般不是对指控作无罪辩护。❶

（3）成功的能力减弱辩护不存在被告人的关押与治疗问题，而成功的精神病辩护并不会使被告人因无罪判决而释放，通常会被强制关押并接受治疗。

（二）能力减弱辩护的分类

美国刑事法学界一般将能力减弱辩护分为两类：第一类是从否定犯意的角度进行辩护，第二类是从责任减轻的角度进行辩护。

对于第一类，学者们使用了不完全一致的称谓❷，我们可以将其称为"否定犯意的能力减弱辩护"。该类辩护中，允许刑事被告人在审判中提出心理异常的证据，否定具有所指控犯罪的心理要素，并因此而免于被定所指控之罪；或者减轻所定罪的程度，即使其行为符合更严重罪行的所有客观要素。在否定犯意的能力减弱辩护模式下，要求陪审团考虑患有精神病的被告人在实施犯罪行为时的心理异常是否有碍其形成成文法规定的特定心理状态。尽管法院可以在任何要求证明心理状态的犯罪中采纳这种辩护，但法院一般将其限制在具有特定犯意内容的犯罪中。实践中一般是在杀人案中被告人主张自己的心理异常阻止其预谋或故意的形成。

不过，宾夕法尼亚大学摩西教授认为，否定犯意的能力减弱辩护不是一种独立的辩护种类，甚至不应当称为"能力减弱"辩护，因为被告人只是提出自己心理异常的证据，表明由于不具有所要求的犯意而不成立所指控之罪。❸

---

❶ Joseph G. Cook, etc., *Criminal Law*, Matthew Bender & Company, 2008, p. 912.

❷ 学者们称为"mens rea variant"或"mens rea model"。Arenella, "The Diminished Capacity and Diminshed Responsibility Defense: Two Children of a Doomed Marriage", 77 *Colum. L. Rev.* 827, 828 – 830 (1977); Stephen J. Morse, Undiminished Confusion in Diminished Capacity. 75 *J. Crim. L. & Criminology* 1, 1 (1984). Joshua Dressler, *Understanding Criminal Law*, New York: Matthew Bender & Company, Inc., 2008, p. 367.

❸ Stephen J. Morse, "Undiminished Confusion in Diminished Capacity", 75 *J. Crim. L. & Criminology* 1, 22 (1984).

对于第二类，学者们也使用了不同的称谓❶，我们可以称为"部分责任能力的能力减轻辩护"。在该辩护模式下，当陪审团相信患有精神病的被告人的行为的可罚性低于常人实施同样的行为时，允许陪审团减轻对心理错乱的被告人的惩罚。在这一模式下，被告人声称因为心理异常而不能对所证明的犯罪承担全部的责任，即使犯罪的外在因素全部得到了证明，由于不能承担全部责任而应当判较轻的罪或至少要处罚较轻。法院允许陪审团将被告人的精神错乱作为一个正式的减轻情节，以对其适用较轻的刑罚。这种类型的辩护只在少数几个州被采纳，而且一般是在谋杀罪的辩护中适用，其目的是将谋杀罪减轻为过失杀人罪❷。

二、能力减弱辩护的源起及存废之争

（一）能力减弱辩护的源起

美国刑事法中，犯罪的成立必须具备两方面的要素：危害行为与犯意。如果控方将被告人外在的行为和内在的犯意均证明到了排除合理怀疑的程度，那么被告人的犯罪就表面上成立了。❸犯意作为犯罪成立的重要内容是控方必须证明的部分。如果控方只将危害行为证明到了排除合理怀疑的程度，对犯意没有尽到证明责任，陪审团或法官将作出有利于被告人的判决。正如有学者所言："即使被告人的行为符合犯罪表面成立的通常要求……如果行为的发生是无意识或意志不受被告人控制的结果，那么被

---

❶ 学者们称为"partial responsibility variant""diminished responsibility—The formal mitigation model"或"partial responsibility"。Arenella，"The Diminished Capacity and Diminshed Responsibility Defense：Two Children of a Doomed Marriage"，77 *Colum. L. Rev.* 827，828－830（1977）；Stephen J. Morse，"Undiminished Confusion in Diminished Capacity"，75 *J. Crim. L. & Criminology* 1，1（1984）. Joshua Dressler，*Understanding Criminal Law*，New York：Matthew Bender & Company，Inc.，2008，p. 368.

❷ 根据美国模范刑法典的规定，受极度心理混乱或感情混乱的影响实施杀人行为是杀人行为定性为过失杀人的合理解释或可宽恕理由。Model Penal Code. §210. 3（1）（b）.

❸ 赖早兴：《英美法系国家犯罪构成要件之辨正及其启示》，《法商研究》2007年第4期。

告人无罪，也不应当受到惩罚。"❶

在普通法中，美国法院曾经发明了大量的描述不同程度刑事责任能力的犯意的词汇，例如恶意、邪恶的内心、蓄谋恶意、预谋和故意。❷《美国模范刑法典》将犯意归纳为四种：蓄意、明知、轻率和疏忽。❸ 控方不但要证明被告人犯意的种类，还要证明其内容。以蓄意为例，根据《美国模范刑法典》的规定，蓄意是指："（1）行为人有意追求构成某罪的某一要素或故意导致该要素的发生；（2）某一犯罪要素涉及附随情况，行为人知道这一情况的存在，或他相信或希望其存在。"在刑事诉讼中，控方证明被告人蓄意实施某行为时，必须证明被告人积极追求某一犯罪构成要素或附随情况，或故意导致该要素或附随情况发生。

根据美国刑事诉讼的证明规则，当控方将犯罪的表面成立要件证明到排除合理怀疑的程度后，被告人或辩护人就要提出无罪或罪轻的主张并承担相应的证明责任。❶ 被告人可以基于正当化事由或可宽恕事由主张自己无罪，也可以主张自己罪轻。在可宽恕事由中，精神病是一个重要事由。被告人患有精神病，辩护方以此为由进行辩护，如果该精神病达到了法定精神病的标准，法院将作出"因精神病而无罪的判决"。但实践中，一些精神病或缺陷导致的心理紊乱并非均能达到精神病的法定标准，因而不能成立有效的精神病辩护。但这些精神病或缺陷又对行为人的心理能力产生作用，以致其认识能力与控制能力与常人有异，其是否能形成构成某些犯罪所需的犯意，就存在疑问。

正因为如此，在被告人患精神病或缺陷且不符合精神辩护的情况下，就要一种有别于精神病辩护的制度来质疑控方指控犯罪的成立。这样，"能力减弱辩护"这一制度就产生了。许多学者认为，基于精神病辩护的法定标准过高，一般精神病或缺陷无法达到该标准，但又影响行为人刑事

---

❶ Stephen J. Morse, "Excusing the Crazy: the Insanity Defense Reconsidered", 58 *S. Cal. L. Rev.* 777, 728 (1985).

❷ Ralph Slovenko, *Psychiatry in Law*, New York: Brunner - Routledge, 2002, p. 273.

❸ Model Penal Code. §2.02 (2).

❶ 赖早兴：《美国犯罪成立要件与证明责任分配》，《法学家》2007 年第 3 期。

责任能力，故而需要一个新的制度来完善辩护制度。例如，有学者认为，法院采纳能力减弱辩护，其目的是改善精神病辩护中的迈克纳顿规则的局限性，以避免将死刑适用于心理缺陷的杀人者，也是为了刑事责任追究上的个别化。[1] 还有学者认为，如果被告人所患的精神病达不到精神病辩护的标准要求，那么在现有的刑法下将承担全部的责任。加利福尼亚最高法院采纳能力减弱辩护的主要目的是"软化精神病辩护制度中迈克纳顿（M'Naghten）规则过于的僵直"。[2]

从历史源起上看，能力减弱辩护起源于英格兰的普通法。[3] 加利福尼亚州法院首先在美国采纳这一制度，因此由于能力减弱辩护制度的存在，精神病专家的证言既可以用于精神病辩护，也可用于确定被告人的犯意或能力的大小。[4] 后来，在一些司法区，除了精神病辩护外，被告人也可以提出能力减弱辩护，被告人可以证明自己缺乏指控犯罪所必需的特定犯意，而成立自己的能力减弱辩护。[5]

（二）能力减弱辩护的存废之争

1. 理论界争议

对于能力减弱辩护是否应当作为一种法律制度而存在，学界有不同的观点。主张废除的人最担心的问题是其辩护事由与精神病或精神缺陷相关，而这通常又不是法律专业的人士可以把握的。这可能为被告人逃避惩

---

[1] Arenella, "The Diminished Capacity and Diminshed Responsibility Defense: Two Children of a Doomed Marriage", 77 *Colum. L. Rev.*, 827 (1977).

[2] Richard G. Singer, John Q. La Fond, *Criminal Law*, New York: Aspen Publishers, 2007, p. 512.

[3] Petter Arenella, "The Diminished Capacity and Diminished Responsibility Defense: Two Children of a Doomed Marriage", 77 *Colum. L. Rev.*, 830 (1977).

[4] Richard G. Singer, John Q. La Fond, *Criminal Law*, New York: Aspen Publishers, 2007, p. 512.

[5] John M. Burkoff, Russell L. Weaver, *Inside Criminal Law*, New York: Aspen Publishers, 2011, p. 234.

罚提供借口。● 正如有学者指出的："能力减弱辩护受到各种批评，因为它允许被告人基于模糊的精神病学证据和含糊不清的无心理能力标准逃避自己的刑事责任。"● "它允许运用极为宽泛的专家证言，而这些证据与决定刑事责任能力无关。"● "总之，精神健康专家经常胡言乱语，他们提供的证据经常非常差劲，这使一些州限制这种证据的使用完全符合正当程序的要求。"● 也有学者从犯罪行为的实害结果的角度主张废除这一辩护。例如有学者认为，实体刑法为每个人规定了易于遵守的道德和法律的标准。即使有的人存在理性或自我控制方面的问题，但作为一个法律上有责任能力的人来说，避免违反这些规定也不是一件难事。只要定罪和量刑的功能是因为行为人实施了什么样的行为而惩罚他，而不是因为他是什么人而惩罚他，那么同样惩罚那些行为符合同样罪名并达到法律责任能力最低标准的人，就不会有什么非正义存在。因此，自控能力和理性能力小的人也有必要遵守法律的规定，当犯罪中所有的要素都已经齐备，案件表面成立了，那么他就应当被认为具有全部责任能力。犯罪表面成立了的案件中的被告人根本上具有平等的责任能力，尽管他们的性格、精神状态可能存在不同。以同样的犯意实施同样犯罪行为的人应当裁定犯有同样的罪行并受到同样的惩罚，而不应当考虑案件的背景、心理或情感条件，或其他通常被认为是有必要减轻惩罚的其他事实。因此，不应当存在能力减弱辩护。●

● 精神病辩护中精神病的程度要比能力减弱辩护中的精神病或精神缺陷更严重，尚且存在精神病辩护的存废之争，能力减弱辩护就可想而知了。参见赖早兴：《精神病辩护制度研究——基于美国精神病辩护制度的思考》，《中国法学》2008 年第 6 期。

● Laurie L. Levenson, *The Glannon Guide to Criminal Law*, New York：Aspen Publishers, 2009, p. 389.

● Richard G. Singer, John Q. La Fond, *Criminal Law*, New York：Aspen Publishers, 2007, pp. 511 –512.

● Ronald J. Allen, "Clark v. Arizona：Much（Confused）Ado about Nothing", 4 *Ohio St. J. Crim. L.* 135，140（2006）.

● Stephen J. Morse, "Undiminished Confusion in Diminished Capacity", 75 *J. Crim. L. & Criminology* 1，30 –32（1984）. 不过，在后来的研究中，Morse 教授表达了赞同能力减弱辩护的观点，例如，他曾说：经过进一步的思考，现在我认为（基于部分责任能力的辩护的）道德主张具有潜在的实践价值。Stephen J. Morse, "Excusing and the New Excuse Defenses：A Legal and Conceptual Review." 23 *Crime & Just.* 329，397（1998）. 在另一文中，他说：当被告人理性能力受到实质损害时，他不具有责任能力，这会实质影响到他的犯罪行为。"能力减弱的事由应当适用于所有的犯罪。" Stephen J. Morse, "Diminished Rationality, Diminished Responsibility", 1 *Ohio St. J. Crim. L.* 289，300 –301（2003）.

也有学者对此持不同意见，例如哲斯勒教授认为，精神病辩护与能力减弱辩护只是程度的差异。正如我们因为犯意程度的不同而不同地惩罚犯罪人一样，没有理由在能力减弱的情况下忽视这种差异。能力减弱辩护中提供的证据并不比精神病辩护中提供的证据不可信。只要陪审团要解决责任能力的问题，就没有理由对部分责任能力的主张置之不理。❶ 在 Fisher v. United States❷ 案中，对裁决持不同意见的联邦最高法院法官富兰克林·马菲认为："不能将人的精神状况绝对地分为精神正常与精神不正常"，"在精神正常与精神不正常这两个极端中间，还有精神混乱或缺陷这一阴影部分，无法归为精神正常还是不正常。""更准确地说，有一些人并非完全的精神不正常，但其心理能力是如此之低以致无法形成成文法规定的一级谋杀所需的故意或预谋。"正是因为被告人的精神状态存在一个完全不正常到正常的中间状态，那么刑事责任的追究中就应当有相应的制度应对，能力减弱辩护就可以适应这一要求。美国律师协会、美国精神病协会、美国心理学协会、美国精神疾病全国联盟均建议死刑不适用于严重精神混乱的被告人。❸

2. 实践中的不同做法

正是由于能力减弱辩护受到各方质疑，实践中美国各法域对该辩护就采取不同的态度。

在联邦法院系统中，第七巡回法庭曾在 Meunch v. Israel 案中认为："强制州法院采纳能力减弱理论是不合宪的。"❹ 在被告人没有提出精神病辩护的情况下，"州法院可以排除那些目的在于证明刑事被告人缺乏形成特定意图的能力的专家证据"。联邦最高法院在 Clark v. Arizona❺ 案中表明了自己的态度。在该案中，被告人克拉克在亚利桑那州一个法院中被判定

---

❶ Joshua Dressler, "Reaffirming the Moral Legitimacy of the Doctrine of Diminished Capacity: A Brief Reply to Professor Morse", 75 *J. Crim. L. & Criminology* 953, 960 (1984).

❷ Fisher v. United States. 328 U. S. 463 (1946).

❸ John Parrry, *Criminal Mental Health and Disability Law*, *Evidence and Testimony*, Chicago: ABA Publishing, 2009, p. 140.

❹ Meunch v. Israel. 715 F. 2d 1124 (7th Cir. 1983).

❺ Clark v. Arizona. 548 U. S. 735 (2006).

犯有一级谋杀罪。在审判中，他试图提出一些精神病的证据，表明他不知道也不是故意实施谋杀执法警察的行为，从而否定控方关于他具有一级谋杀犯意的证据（该州制定法禁止任何人蓄意或明知杀害执法警察）。法庭裁定被告人不能以精神病证据否定犯意，认为该州的法律也不允许运用未达到精神病标准的被告人以精神错乱证据否定犯罪的犯意要素，因此拒绝采纳这一证据。该案后上诉到联邦最高法院。该院认为，根据正当程序的要求，被告人有权提出对自己有利的、否定其有罪的证据，包括被告人患有精神病以致无能力形成犯意的证据。被告人有权要求事实裁判者考虑其心理疾病和其刑事责任能力的证言。但提出这一证据的权利可以因其他的正当理由而被限制。例如，审判法官可以基于某些特定的因素（如不公正的偏见、关于争点的混淆、潜在的误导陪审团）而排除这一证据的采用。联邦最高法院认为，在不违反正当程序的条件下，各州可以排除精神病专家关于被告人的心理错乱导致其不能形成特定心理状态或不能形成犯意的专家证言。

各州对能力减弱辩护有两种不同的做法：一是拒绝能力减弱辩护，但方式上又有不同。由于担心精神病专家的意见可能太多地影响陪审团关于被告人犯意的评价，一些立法机构立法禁止减轻责任辩护。在有的州适用灵活的精神病标准的情况下，就没有必要采用精神病的替代辩护方式；也有一些州不采用这一辩护，但允许法庭在量刑时将心理疾病作为减轻处罚因素考虑。❶ 还有司法区认为，能力减弱辩护不符合精神病辩护的要求，但事实上使被告人达到精神病辩护的效果而又不被贴上精神病的标签，而且能力减弱辩护也不会像精神病辩护一样导致被告人案件后的自动关押。❷二是认可这一辩护。例如科罗拉多州最高法在 Hendershott v. People 案中认为："被告人被推定无罪，除非控方排除合理怀疑地证明他存在指控犯罪所必需的心理状态，否则他不得被定有罪。一旦我们接受这样一个基本原则，那么该原则从逻辑和基本公正上反对禁止被告人提供可信和相关的证

---

❶ Laurie L. Levenson, *The Glannon Guide to Criminal Law*, New York：Aspen Publishers, 2009, pp. 389 - 390.

❷ Ralph Slovenko, *Psychiatry in Law*, New York：Brunner - Routledge，2002，p. 269.

据，表明自己心理受损，他没有能力形成构成刑事责任必不可少的可责性。"❶ 通常情况下，一些认可减轻责任辩护的州倾向于将该辩护限定在一些具有特定犯意且有轻重不同级别的犯罪中。换句话说，被告人可能主张他的减轻责任能力使他无法形成严重犯罪的特定犯意，但他仍将被裁定构成较轻的罪。一些州遵循模范刑法典的方式，允许被告人提出减轻责任辩护。即使某一犯罪不具有轻重差异，在这一模式下，一个成功的减轻责任辩护将导致被告人被判无罪。❷ 当然，实践中这种情况很少见，但理论上是存在这种可能的。

也有的州曾经采纳了能力减弱辩护制度，但后来又从立法上取消了。例如，加利福尼亚就是一个典型。该州于 1949 年的 People v. Wells❸ 案中法院第一次允许采用心理健康专家的证言以证明被告人不能形成指控犯罪所必需的犯意，精神病学专家的证言自此不再只用于精神病辩护了，而且可以用于确定被告人的犯意或责任能力。后来经过一系列案件❹，能力减弱辩护在该州得到了进一步的发展。但丹·怀特案却是能力减弱辩护在该州的转折。1978 年，丹·怀特计划周密地杀死了旧金山市市长乔治·莫斯科恩和另一位官员哈维·米尔克。在辩护中，辩护方提出被告人患有抑郁症，且事发那天他吃了很多含糖量高的甜食，导致病情加重，致使其不具备 "预谋恶意" 实施杀人行为。陪审团接受了辩护意见，裁定被告人构成故意杀人罪而非指控的一级谋杀罪。社会舆论对这一裁决非常愤慨，戏称能力减弱辩护为 Twinkie defense❺。这一案件直接导致了能力减弱辩护在该州于 1982 年被废除。正如该州最高法院在 People v. Saille 案中所说的："能力减弱辩护这一特定的辩护，允许被告人证明他对行为负较小责任，

---

❶ Hendershott v. People. 653 P. 2d 385（Colo. 1982）

❷ Laurie L. Levenson, *The Glannon Guide to Criminal Law*, New York：Aspen Publishers, 2009, p. 390.

❸ People v. Wells. 33 Cal. 2d 330（1949）.

❹ People v. Wolff. 61 Cal. 2d 795（1964）. People v. Conley. 64 Cal. 2d 310（1964）. People v. Poddar. 10 Cal. 3d 750（1974）.

❺ 这种甜食叫作 Twinkie，所以美国学者戏称这个辩护为 Twinkie defense。

已经被废除了。"●

三、能力减弱辩护的适用

(一) 适用范围

因为各州采用的模式不同，因此理论上，能力减弱辩护适用犯罪的类型也有差异。

大约有 15 个州采取《美国模范刑法典》的模式。根据《美国模范刑法典》的规定："被告人患有精神病或精神缺陷的证据，只要与证明被告人拥有或不拥有作为某罪要素的心理状态有关，就可以被采纳。"● 这是关于精神病辩护和能力减弱辩护的规定，该规定比较开放，也比较原则。其原因在于，《美国模范刑法典》的制定者们认为："什么情况下应当将那些患有精神病或精神缺陷的人的行为作为犯罪处理并要求其承担刑事责任，在刑法典的起草中作出这一规定比司法实践中作出判定毫无疑问要困难得多。"● 根据该规定，被告人精神病或缺陷的证据可以采纳，前提条件是，该证据与被指控的犯罪的犯意相关。这一规定没有对犯罪的类型进行限制，因此从立法上看，任何犯罪的刑事诉讼中，被告人均可以提出自己心理状态受到精神病或缺陷的影响以致无法形成指控犯罪所必需的犯意的证据，以否定自己构成所指控的犯罪。但实践中，一般是在谋杀罪中，这些证据才会被采纳。

有些州（例如，宾夕法尼亚州）只允许心理状态的证据用于谋杀罪的指控中，其他类型的犯罪则不得适用能力减弱辩护。这些州采取这种方式的原因在于，谋杀罪的犯意中包含特定的意图，而其他的犯罪的犯意中只有通常的意图。刑事诉讼中，控方对于被告人构成谋杀罪的证明中应当证明被告人是基于特定的意图实施这一行为，如被告人实施杀人行为是基于

● People v. Saille. 54 Cal. 3d 1103（1991）.

● Model Penal Code. §4.02（1）.

● Commentaries，§4.01，at 164.

预谋的恶意。如果被告人提出自己因精神病或缺陷无法形成预谋恶意的专家证据，则可以证明其行为不构成谋杀罪。当然，如果被告人的精神病或缺陷无法达到精神病辩护的法定标准，则不可能获得无罪判决，只能否定谋杀罪的指控而构成过失杀人罪。

（二）适用的条件

在很多州，如果精神病或缺陷达不到法定的精神病标准，无法成立精神病辩护，则该证据不得被采纳以否定被告人具有所指控犯罪所必需的犯意。采纳能力减弱辩护的州则扩大了精神病或缺陷证据使用的范围，即该证据可以在精神病辩护中运用，也可以在达不到精神病法定标准的情况下，在能力减弱辩护中运用。因此，被告人是否患有精神病，是否达到精神病辩护的法定标准，这是决定被告人提出精神病辩护还是能力减弱辩护的关键。

精神病是一个医学概念还是个法学概念，学者们有不同的观点。有学者认为："尽管医学研究成果应当在法律决定中加以考虑，但一个人是否因精神病而获得宽恕最终是一个独立的法律、社会和道德层面的问题。"[1] 有学者甚至认为："精神病是而且始终是一个法律概念而不是心理学或精神病学概念。实际上，在心理学和精神病学作为一个学科存在前，精神病辩护就已经存在了。"[2] 但笔者以为 Dressler 教授的观点值得借鉴，他将精神健康学中使用的概念与法律概念分开[3]。不过，法律概念中的精神病与医学领域的精神病还是有着密切的联系，实际上前者是以后者为判定依据的。立法部门从未给精神病下任何定义，法院也很少在判决中定义精神病。我们只是在 McDonald v. United States 案[4]中，看到了对精神病的界定，即它是指"任何实质上影响心理或情感过程和事实上损害行为控制的不正

---

[1] Laurie L. Levenson, *The Glannon Guide to Criminal Law*, New York：Aspen Publishers, 2009, p. 377.

[2] Charles Patricke Ewing, *Insanity*, New York：Oxford University, 2008, p. xxi.

[3] 他认为，"Mental illness""Mental disorder""Mental disease or defect"是一个精神健康学领域的概念，而"Insanity"则是一个法律概念。Joshua Dressler, *Understanding Criminal Law*, New York：Matthew Bender & Company, Inc., 2008, p. 369.

[4] McDonald v. United States. 312 F. 2d 847, 851（D. C. Cir. 1962）.

常心理状态"。

美国是一个多法域国家，不同法域中或不同时期，精神病的标准不尽相同。这些标准包括迈克纳顿标准、"无法控制"标准、德赫姆标准、模范刑法典标准、精神病辩护改革法标准等。美国精神病的法定标准不断发展变化，一方面是受到法学和精神病学研究的影响，另一方面更主要的是受到了社会民众观念的影响。[1] 例如，1981 年约翰·欣克利刺杀总统罗纳德·里根一案，法庭对被告人作出的无罪判决激发了民众的愤慨，使精神病的法定标准趋于保守。现在联邦法院系统和大约 2/3 的州法院采取了较为严格的精神病辩护改革法标准。[2]

从实践情况看，通常情况下，如果被告人的精神病达不到法定标准，而精神病又影响了被告人的认识或控制能力，就可能提出能力减弱辩护。当然，被告人基于各方面的考虑，也可能在精神病符合法定标准的情况也不提出精神病辩护，而可能提出能力减弱辩护。

（三）能力减弱辩护的提出

由于能力减弱辩护涉及被告人的精神状态的评估、专家证据的提交与采信，因此法院通常要求辩护方在庭审前告知法院他将提出该辩护。例如一个案件中，法院明确：被告人必须在庭审前告知他有意提出能力减弱的辩护。被告人应当到司法精神病学中心进行检查和评估，评估由独立的精神病专家进行，如果控方愿意，该专家由控方选择。[3]

（四）证明责任与证明标准

一般认为，美国刑事诉讼中的证明责任分为两个方面：一是提供证据责任，即提出某项证据使自己的主张成为争议点；二是说服责任，指说服

[1] Randy Borum, Solomon M. Fulero, "Empirical Research on the Insanity Defense and Attempted Reforms: Evidence Toward Informed Policy", 23 *Law & Hum. Behav.* 117, 117 (1999).

[2] 赖早兴：《精神病辩护制度研究——基于美国精神病辩护制度的思考》，《中国法学》2008年第 6 期。

[3] People v. Mangiapane. 85 Mich. App. 379 (1978).

陪审团裁判己方主张为真的责任。如果被告人不在整个刑事诉讼中保持沉默，那么他将要提出自己的主张并承担为此提供证据的责任，控方将对其主张及证据加以反驳，说服责任通常由控方承担。但人的精神正常是通常情况，精神不正常是例外；而且要证明被告人精神正常比证明被告人精神不正常困难得多。要求控方将被告人精神正常证明到排除合理怀疑的程度是非常困难的事，这对于防止被告人利用精神病为借口逃避惩罚和社会防卫均极为不利。在约翰·欣克利刺杀总统罗纳德·里根案后，美国联邦法院系统和大多数州法院（75%）均要求被告人以优势证据或清晰而确信的证据证明精神不正常。❶ 这是精神病辩护中证明责任和证明标准的情况。能力减弱辩护也是基于精神病或精神缺陷提出的，因此，在证明责任分配和证明标准上，法院采取与精神病辩护中同样的态度和标准。"一些司法区，如纽约州，明确地要求被告人承担这样的心理混乱的证明责任。尽管控方仍然承担说服的责任，然而，事实上这一责任将由被告人承担。在通常的案件中，一旦控方证明了杀人行为是故意或明知实施的，除非被告人提出充分的证据对他不是极端地心理混乱推定进行合理怀疑，该指控将会成立谋杀罪。只有在控方不能反驳被告人心理混乱的证据时，才可能对被告人定过失杀人罪。"❷

四、借鉴

刑事法律的理论与实践是刑事法律文化的主体内容。刑事法律文化的借鉴是法律文化借鉴的重要方面。笔者认为，我们可以借鉴美国刑事法中的能力减弱辩护来完善我国能力减弱辩护制度。

首先，将能力减弱辩护与精神病辩护分立。我国 1997 年刑法典改变了 1979 年刑法典中只承认精神病决定刑事责任能力有无的做法，兼采了精神

---

❶ 赖早兴：《精神病辩护制度研究——基于美国精神病辩护制度的思考》，《中国法学》2008年第6期。

❷ Stephen J. Morse, "Undiminished Confusion in Diminished Capacity", 75 *J. Crim. L. & Criminology* 1, 24, 25 (1984).

病可能影响刑事责任能力程度的观点，区分三种不同情况规定了完全有刑事责任能力的精神病人、完全无责任能力的精神病人和限制责任能力的精神病人。其中，完全无刑事责任能力的精神病人就相当于美国刑事法中达到法定精神病标准的人，而限制刑事责任能力的精神病人就是美国刑事法中因精神病而能力减弱的人。在我国，无论基于精神病提出的刑事责任能力丧失的辩护还是刑事责任能力减弱的辩护均称为精神病辩护。笔者认为，可以借鉴美国刑事法中精神病辩护与能力减弱辩护分立的做法，将基于精神病而提出的刑事责任能力减弱的辩护与基于精神病而提出的丧失刑事责任能力的辩护独立开来更为科学，前者称为能力减弱辩护，后者称为精神病辩护。分立的原因在于：其一，两者导致的刑事法律后果不相同，前者的后果是惩罚上从宽的判决，后者的结果是无罪判决。其二，前者中的被告人不一定转至精神治疗机构治疗，而后者中的被告人则是转到精神治疗机构关押并治疗。❶ 其三，社会民众对于精神病辩护免除被告人刑事责任一直不支持，这使司法机关对精神病辩护的采纳十分谨慎，因而精神病辩护成功的概率非常低，显然也会影响到因精神病而刑事责任能力减弱辩护的采纳。将两者分立，因精神病而影响刑事责任能力的案件的从宽处理会有更坚实的民意基础。

其次，限制我国刑法中能力减弱辩护的适用范围。我国《刑法》第18条第三款规定："尚未完全丧失辨认或者控制自己行为能力的精神病人犯罪的，应当负刑事责任，但是可以从轻或者减轻处罚。"这一规定并没有限制基于精神病而提出的能力减弱辩护的适用范围，这就说明任何犯罪都可以适用这一辩护。但从美国大多数刑法学者和刑事司法实践看，并不是所有的犯罪都可以提出能力减弱辩护，基本上是将这一辩护限制在谋杀罪中。美国学者一般认为，能力减弱辩护是基于被告人的精神病而无法形成特定犯意才减轻其刑事责任。笔者认为，我国的能力减弱辩护应当限于具有特定犯意的犯罪，只有当被告人的精神病影响到了特定犯意的形成才能成立该种辩护。

---

❶ 我国《刑法》第18条仅规定了因精神病而完全无刑事责任能力人的精神病治疗问题，并没有对因精神病而限制刑事责任能力人的精神病治疗问题作出任何规定。

再次，明确能力减弱辩护的提出条件与时间。辩护人应当根据被告人精神病的程度决定是提出精神病辩护还是能力减弱辩护。被告人因精神病不能辨认或者不能控制自己行为的，辩护人可以提出精神病辩护；而被告人尚未完全丧失辨认或者控制自己行为能力的，辩护人可以提出能力减弱辩护。根据我国刑事诉讼法的规定，犯罪嫌疑人与被告人无权直接申请精神病鉴定，只能向公检法机关提出申请，由公检法机关委托有资质的医院进行司法鉴定。这严格限制了辩护人能力减弱辩护的提出。我们可以借鉴美国能力减弱辩护中辩护人直接申请精神病鉴定或联合控方申请精神病鉴定的做法。另外，我国刑事诉讼法并没有规定辩护人何时可以提出能力减弱辩护，这无法防止刑事诉讼中辩方的诉讼突袭，也会影响刑事诉讼的效率。笔者认为，我们可以借鉴美国刑事法中关于能力减弱辩护应当在庭审前告知法庭的规定。

最后，能力减弱辩护案件中证明责任的分配和证明标准的确定。我国《刑事诉讼法》规定公诉案件中被告人有罪的举证责任由人民检察院承担；辩护人的责任是根据事实和法律，提出犯罪嫌疑人、被告人无罪、罪轻或者减轻、免除其刑事责任的意见。这是我国刑事诉讼法关于证明责任分配的模糊规定。对于能力减弱辩护而言，到底是公诉方证明被告人的刑事责任能力没有因为精神病受到影响，还是由辩护人证明被告人刑事责任能力因精神病的影响而减弱？我们很难从这一规定中确定能力减弱辩护中的证明责任分配。笔者主张借鉴美国刑事法中精神病辩护和能力减弱辩护案件中被告方承担证明被告人刑事责任能力受到精神病影响而丧失或减弱的责任。在证明标准方面，我国刑事案件的判决标准是"证据确实、充分"，对所认定事实已"排除合理怀疑"。那么能力减弱辩护案件中是否也要求将精神病影响刑事责任能力减弱的事实证明到排除合理怀疑的程度？虽然美国刑事诉讼中行为是否构成犯罪的证明标准是排除合理怀疑❶，但对于能力减弱辩护而言，辩护人只要以优势证据或清晰而确信的证据证明精神不正常即可，并不要求证明到排除合理怀疑的程度。我们在能力减弱辩护的立法中也应当降低证明标准。

---

❶ 赖早兴：《美国刑事诉讼中的"排除合理怀疑"》，《法律科学》2008 年第 4 期。

美国刑事诉讼中的"排除合理怀疑"[*]

　　摘　要：美国刑事案件的证明标准是排除合理怀疑。作为一个被美国法律界广泛接受的标准，排除合理怀疑源起何时，理解上存在一定的争议。该标准在美国刑事诉讼中处于什么样的地位，不同的人观点并非完全一致。法官是否应当在给陪审团的指示中明确该标准的定义，不同的学者理解上有分歧，法院间的做法也有差异。在定义该标准时，有三种方式。对于"合理怀疑"的解读通常采用同义词"道德确信"加解释。对于是否应当量化排除合理怀疑标准，法律界也有不同的意见和方式。

　　关键词：美国刑事诉讼；排除合理怀疑；标准量化

　　在美国刑事诉讼中，有罪裁定建立在事实裁判者认为被告人有罪的基础上。但事实裁定者既非案件事实的亲历者亦非目击者，而是一个完全的局外人，他们如何裁定行为人有罪？这就涉及刑事案件的证据标准问题。正如在 In re Winship 案中 Harlan 法官说："在审判过程中，存在关于曾经发生事件的事实的争议，事实发现者（fact finder）无法获得对于已经发生事实的不容置疑的确信。相反，所有的事实发现者能获得的只是可能发生了什么的信念。……因此，证据标准表示指示事实发现者的一种企图，让他们明白在我们的社会，在特定判决中，作出正确事实结论应当有多大程

---

　　[*]　本文发表于《法律科学》2008 年第 5 期。

度的自信。"❶ 陪审团作为事实裁定者时，陪审员多数情况下是法律门外汉，他们对于什么情况下应当对被告人裁定有罪知之甚少，审判中法官必须给陪审团相关的指示，让陪审团明白刑事案件有罪裁定的证据标准。1987 年一个关于陪审团制度作用的审判协商委员会的工作小组提出了一个示范的指示："正如我已经说过多次的，控方有责任将被告人的罪行证明到排除合理怀疑的程度。控方承担将被告人有罪证明到排除合理怀疑程度的责任。你们中可能有的人曾经在民事案件中担任过陪审员，在民事案件中你们被告知只需将事实的真实性证明到比其不真实更可靠的程度。在刑事案件中，控方的证明责任则比这个要更为有力。它必须证明到排除合理怀疑的程度。"❷ 那么"排除合理怀疑"标准是如何产生的？它在美国刑事诉讼中具有什么样的地位？美国各司法区和联邦法院在刑事案件的诉讼中是否会对"合理怀疑"进行定义？如果给"合理怀疑"下定义，他们以什么样的方式进行定义？"排除合理怀疑"标准如何理解？是否可以量化"排除合理怀疑"标准？本文试图对这些问题作粗略的解答。

一、排除合理怀疑标准的沿革及其在刑事诉讼中的地位

（一）排除合理怀疑标准的沿革

排除合理怀疑标准虽然现在已经被广为接受，但对于该标准源于何时，学者间存在一定的争议。一些历史学家经过研究认为，"排除合理怀疑"理论产生于 17 世纪的英格兰，在 18 世纪的普通法法庭中广为采用。❸ 对于该标准被法院首次采用的具体年代，有人认为该标准首先适用于 1770 年对波士顿大屠杀的审判中。当时控方在最后陈述中使用了"排除合理怀

---

❶ In re Winship, 397 U. S. 358, 370 (1970).

❷ Jon O. Newman, "Beyond 'Reasonable Doubt'", 68 *N. Y. U. L. Rev.* 979, ［FN55］(1993).

❸ Barbara J. Shapiro, "'To a Moral Certainty': Theories of Knowledge and Anglo – American Juries 1600 – 1850", 38 *Hastings L. J.* 153 (1986).

疑"一词。❶ 有人认为，该标准首先适用于 1793 年新泽西州一个法院对 State v. Wilson❷ 案的审判。该案中，法官指示陪审团遵守"人道规则"（humane rule），如果对于被告人是否成立所指控的罪有"合理怀疑"就应当裁定其无罪。大多数人认为，"合理怀疑"标准第一次强制性地在法庭中适用是在 1798 年的爱尔兰反叛案中，该案中辩护律师力图提高控方的证明责任而使用了排除合理怀疑一词。❸

英美国家曾经使用过多种概念表达刑事证据标准，如"排除所有合理怀疑"（proof beyond all reasonable doubt）、"排除任何合理怀疑"（proof beyond any reasonable doubt）。在 19 世纪初，排除一切合理怀疑（beyond all reasonable doubt）是最流行的概念，排除合理怀疑（beyond reasonable doubt 或 beyond a reasonable doubt）直到 19 世纪后期才作为一个被普遍接受的概念而广泛适用。❹

到 19 世纪中叶，犯罪必须证明到排除合理怀疑的程度已经在美国的许多州扎下了根，如纽约、北卡罗来纳、佐治亚、佛蒙特、马萨诸塞、弗吉尼亚、康涅狄格。❺ 但直到 1970 年的 In re Winship 案中美国联邦最高法院才认为宪法要求在所有刑事案件中适用这一标准。

（二）排除合理怀疑标准在刑事诉讼中的地位

证明标准是控诉方或原告方说服事实裁定者被告人有罪或控告事实成立的程度。美国司法制度中通常使用四个基本的标准（按严格程度列举）：优势证据（preponderance of the evidence）、清晰且有力标准（clear and con-

❶ Anthony A. Morano, "A Re-examination of the Reasonable Doubt Rule", 55 *B. U. L. Rev.* 507, 516-518 (1975).

❷ State v. Wilson, 1N. J. L. 502, 506 (1793).

❸ 也有人认为，是控方促使了该标准的适用，他们力图降低他们的说服责任，他们以前的责任通常难以承担，因为他们要排除所有怀疑以说服陪审团。Jon O. Newman, "Beyond 'Reasonable Doubt'", 68 *N. Y. U. L. Rev.* 979, 981-982 (1993).

❹ Lawrence M. Solan, "Refocusing the Burden of Proof in Criminal Cases: Some Doubt About Reasonable Doubt", 78 *Tex. L. Rev.* 105, 110 (1999).

❺ Anthony A. Morano, "A Re-examination of the Reasonable Doubt Rule", 55 *B. U. L. Rev.* 507, 520-523 (1975).

vincing evidence)、清晰、不含糊且有力标准（clear, unequivocal, and convincing evidence）和排除合理怀疑标准（proof beyond a reasonable doubt）。刑事制裁的后果极为严重，错误的裁判可能使被误判者失去财产、名誉、自由甚至生命，且难以纠正。因此，一定条件下裁定者宁愿放任一个犯罪者也不愿错判一个无罪者。这就是 William Blackstone 的名言（与其让一个无罪的人受到惩罚，不如让十个有罪的人逃避惩罚）在英美国家十分流行的原因所在。所以刑事案件的证明标准历来被认为是所有案件中最高的，即通常认为要达到排除合理怀疑的程度。在给陪审团的指示中，法官通常被要求向陪审团明示刑事案件的证明标准。

排除合理怀疑标准在刑事诉讼理论界和实务界具有极高的地位。有学者认为："陪审员们以合理怀疑为荣的主要原因在于，它是'盎格鲁－撒克逊司法制度的基石'，是'自由社会最值得骄傲的方面之一'，它保护了我们整个社会最重要的利益——生命与自由。"[1] "合理怀疑标准是我们刑事审判制度的核心特征。该标准代表我们社会的信念，即除非事实发现者对某人的犯罪近乎确信，没有人应当被确定为有罪。"[2] 作为每个刑事案件核心的排除合理怀疑标准尽管在美国宪法条文中没有作出规定，但联邦最高法院在 In re Winship 案中认为，宪法第五、第十四修正案的正当程序保障包含了：除非将指控之罪的每个构成要素证明到排除合理怀疑的程度，否则不得裁定被告人有罪。在 Jackson v. Virginia[3] 案中，联邦最高法院曾经对排除合理怀疑标准作了这样的表达：使事实发现者明白接近确信被告人有罪的主观心态所要达到的程度，该标准表明我们的社会重视刑事制裁和社会的自由。在 Addington v. Texas[1] 案中，联邦最高法院首席法官 Burger 曾经说："在刑事审判中，我们的社会承担着错案的危险。在正当程序条款下，通过要求控方将被告人的犯罪证明到排除合理怀疑程度，使其得

---

[1] Amy D. Ronner, "The Demise of the Reasonable Doubt Standard: the Toxic Watts and Putra Decision", 60 *U. Pitt. L. Rev.* 373, 417 –418 (1999).

[2] Robert C. Power, "Reasonable and Other Doubts: The Problem of Jury Instructions", 67 *Tenn. L. Rev.* 45, 46 (1999).

[3] Jackson v. Virginia, 443 U. S. 307, 315 (1979).

[1] Addington v. Texas 441 U. S. 418 (1979).

到了一定程度的克服。”在 Victor v. Nebraska❶案中，联邦最高法院认为宪法要求每个法院指示刑事陪审团适用这一标准。不过，也有学者提出，排除合理怀疑标准不应当是所有刑事案件的证明标准，因为不同的案件中被告人成立犯罪后所判处的刑罚不同，剥夺或限制的权益的重要程度也有差异，所以应当根据惩罚程度的差异适用不同的证明标准。例如，有人意识到死刑错判相当频繁，认为排除合理怀疑的标准不足以用于死刑案件，呼吁死刑案件中陪审团在裁定被告人犯罪成立时必须适用更高的证据标准。“我们建议，在政府剥夺被告人的生命前，控方必须以比排除合理怀疑更严格的标准证明被告人的罪行。如果陪审团以排除合理怀疑的标准裁定被告人犯罪成立，除非它能以排除所有可能怀疑（beyond all possible doubt）的标准认定其有罪，否则它不得适用死刑。如果陪审团不能确保这一点，法官有责任适用刑罚但不能适用死刑。”❷

二、关于是否解释“合理怀疑”的争议

作为刑事诉讼证明标准，排除合理怀疑的适用决定着被告人是否有罪，所以事实裁判者对于该标准的理解极为重要。排除合理怀疑标准是一个法律用语，但适用该标准的却往往是法律门外汉的陪审团成员。他们是否能正确理解排除合理怀疑中“合理怀疑”的要旨，对其裁判的刑事案件具有决定性意义。法学界对于是否应当对“合理怀疑”作出解释以帮助陪审团正确理解该标准从而准确作出裁定有不同的观点，实践中不同的司法区或不同的法院之间也有不同的做法。

有的人认为“合理怀疑”表达过于简单，不便于陪审团成员理解和把握，有必要对其作出解释。例如有人认为：“排除合理怀疑标准是美国法学中的关键问题。如果对合理怀疑不作界定，陪审团不得不探求其含义。

---

❶ Victor v. Nebraska, 114 S. Ct. 1239, 1243 (1994).

❷ Leonard B. Sand, Danielle L. Rose, "Proof Reasonable All Possible Doubt: Is There a Need for a Higher Burden of Proof When the Sentence May be Death?" 78 *Chi. - Kent L. Rev.* 1359, 1361 (2003).

如果陪审团适用错误的证据标准，控方和被告方均可能受到损害。陪审团可能错误地认为合理怀疑标准要求证据上没有任何怀疑。同样，陪审团可能错误地将该标准解释为只要比无罪裁定的证据力度强一些即可。"❶ "刑事案件中，排除合理怀疑标准具体、清晰、明确的表达将有利于改进事实发现者的作用，也有利于恢复公众对司法裁定的信心。"❷ 一些法院认为，在保障被告人获得公正审理的正当程序权利方面，合理怀疑标准极为重要，如果不对其进行定义，将会降低其作用。他们认为，合理怀疑这一词汇并不是那么普通、简单和清晰，其含义也不是不言自明的，即使是受过法律训练的法官也经常错误地描述合理怀疑标准。

但也有人反对法官在给陪审团的指示中解释"合理怀疑"。很多人认为，"合理怀疑"的含义是自明的，因为它是由易于理解的普通词汇组成，非法律人士也可以理解和接受。对其进行定义不但没有用处，而且可能导致比不对其进行解释更大的混淆。更有人主张在理解"合理怀疑"上应当充分发挥陪审团的主观能动性。例如，有人认为："尽管一些人声称，以大意相同的同义词定义合理怀疑最能确保陪审员理解这一标准，但从历史上看，定义合理怀疑的司法努力并不令人满意，没有达到这一目的。因为合理怀疑本身就是一个没有固定含义的词汇，它的适用过程中要求价值判断，作为社会的代表，陪审团最适合确定其含义。为了在审判过程中发挥社会的集体智慧，法院不应当在其对陪审团的指示中定义合理怀疑。"❸ "宪法没有要求运用任何特定的语言形式以告知陪审团控方的证据义务。"❹ "陪审员对合理怀疑拥有'独有的理解力'，这使他们能在没有解释性的指

---

❶ Jessica N. Cohen, "The Reasonable Doubt Jury Instruction: Giving Meaning to a Critical Concept", 22 *Am. J. Crim. L.* 677, 678 (1995).

❷ Azhar J. Minhas, "Proof Beyond a Reasonable Doubt: Shifting Sands of a Bedrock?" 23 *N. Ill. U. L. Rev.* 109, 130 (2003).

❸ Note, "Reasonable Doubt: an Argument Against Definition", 108 *Har v. L. Rev.* 1955, 1972 (1995).

❹ Jessica N. Cohen. "The Beyond Reasonable Doubt Jury Instruction: Giving Meaning to a Critical Concept", 22 *Am. J. Crim. L.* 677, 681 (1995).

示下作出裁定。"[1]

从法院的做法来看，不同的法院之间对于是否在给陪审团的指示中界定"合理怀疑"有不同的做法。起初美国联邦最高法院不鼓励定义"合理怀疑"。例如在 Holland v. United States[2] 案中，联邦最高法院认为："合理怀疑"含义是自明的（self – explanatory），无需对其进一步加以解释。试图对"合理怀疑"这一词汇进行解释通常无法使陪审团的心里更为清晰、明确。后来在 Victor v. Nebraska[3] 案中美国联邦最高法院对于法院给陪审团的指示中是否应当对"合理怀疑"进行界定的观点变得不明确。在该案中联邦最高法院认为，宪法没有说法庭是否必须对"合理怀疑"进行定义，即"宪法没有禁止初审法院给合理怀疑下定义，当然也没有要求它们下定义"。

与联邦最高法院不同，一些联邦上诉法院和地方法院已经明确是否定义"合理怀疑"。一些法院要求明确"合理怀疑"的含义，而一些法院则明确反对定义"合理怀疑"。例如第三、第八、第十、第十六巡回审判区要求给"合理怀疑"作出界定。第三巡回法院在 Blatt v. United States[4] 案中认为，不界定"合理怀疑"对"被告人而言是有害的错误"。第十巡回法院在 1954 年和 1974 年分别规定，审理法庭必须界定"合理怀疑"。其理由是，合理怀疑标准是刑事诉讼制度的基石，审理法庭必须向陪审团解释何为"合理怀疑"。第五巡回法院在 United States v. Williams[5] 案中，也敦促初审法院解释"合理怀疑"。

与此相反，第一、第四、第七、第九巡回审判区认为"合理怀疑"无

---

[1]　Note, "Reasonable Doubt: An Argument Against Definition", 108 *Harv. L. Rev.* 1955, 1962 – 1964. (1995).

[2]　Holland v. United States, 348 U. S. 121, 140 (1954).

[3]　Victor v. Nebraska, 114 S. Ct. 1239, 1243 (1994). 在该案中，联邦最高法院赞同这种观点：排除合理怀疑的证明程度是这样一种程度，即证据让你坚信被告人有罪。世界上很少有事情是我们可以绝对确定的，在刑事案件中，法律不要求证据排除所有可能的怀疑。基于对证据的仔细思考，如果你坚信被告人成立所指控的罪行，你必须裁定他有罪。相反，如果你认为存在他无罪的实际可能性，你必须基于被告人的利益考虑这一怀疑，并裁定他无罪。

[4]　Blatt v. United States, 60 F. 2d 481, 481 (3rd Cir. 1932).

[5]　United States v. Williams 20 F. 3d 125 (5th Cir. 1994).

需定义。这些法院认为，对于那些作为陪审员的非法律专业人士而言，"合理怀疑"已经是一个含义明确的概念，进一步定义将造成混淆，并且会在一定程度上减轻控方的证明责任。第七巡回法院是第一个反对界定"合理怀疑"的法院。该法院认为，在审理过程中，初审法院没有为陪审团定义何为"合理怀疑"不是一个可以撤销判决的错误，因为"合理怀疑"本身已经非常明确；试图进一步解释"合理怀疑"只会使陪审团糊涂。该法院甚至认为即使陪审团要求定义"合理怀疑"也不得对其加以界定。❶ 第一巡回法院在 Dunn v. Perrin❷ 案中认为，准确地界定"合理怀疑"是十分困难的事，如果主张对其进行界定将会导致降低控方证明责任。在 United States v. Olmstead❸ 案中，该法院裁定，不要求法院对"合理怀疑"进行界定。但该法院将是否对"合理怀疑"进行界定的权力授予初审法院。第四巡回法院在 United States v. Reives❹ 案中禁止对"合理怀疑"进行定义，因为定义只会使该概念更加混淆。即使是陪审团要求法庭对该概念进行解释，也应当拒绝。在 United States v. Nolasco❺ 案中，第九巡回法院认为在两种情况下，地方法院法官可能希望对"合理怀疑"加以界定，一是陪审团强求对何为"合理怀疑"加以解释，二是律师在争议中误导陪审团。该案认为，即使在这些情况下，地区法院也无需对"合理怀疑"进行界定。

与联邦法院一样，美国各州法院对是否应当对"合理怀疑"进行定义也存在不同的做法。加利福尼亚、印第安纳、爱达荷、马里兰、密苏里、蒙大拿、马萨诸塞、内华达、新罕布什尔、北卡罗来纳、俄亥俄、宾夕法尼亚、罗得岛、田纳西等州以及华盛顿法院都要求对"合理怀疑"进行界定。此外，夏威夷、哥伦比亚特区和佛罗里达、路易斯安那均不反对界定

---

❶ Jessica N. Cohen, "The Reasonable Doubt Jury Instruction: Giving Meaning to a Critical Concept", 22 *Am. J. Crim. L.* 677, 684 (1995).

❷ Dunn v. Perrin 570 F. 2d 21, 23 (1ˢᵗ Cir. 1978).

❸ United States v. Olmstead, 832 F. 2d 642, 646 (1ˢᵗ Cir. 1987).

❹ United States v. Reives 15 F. 3d 42, 45–46 & n. 3 (4ᵗʰ Cir. 1994).

❺ United States v. Nolasco 926 F. 2d 869, 872 (9ᵗʰ Cir. 1991).

"合理怀疑"。而得克萨斯、俄克拉荷马、亚利桑那、佐治亚、伊利诺伊、堪萨斯、肯塔基、密西西比、俄勒冈、佛蒙特、怀俄明等州法院都认为不应当对"合理怀疑"进行界定。弗吉尼亚州法院不赞成进行定义，阿拉斯加州法院认为对"合理怀疑"进行界定不是必须遵守的强制性规则。❶

三、"排除合理怀疑"解读

（一）"排除合理怀疑"的解读方式

如何理解"排除合理怀疑"一直是法律界的争议点。因为该词汇难以直接理解，所以一般采用同义词的方式对"排除合理怀疑"进行解读。美国第二巡回上诉法院首席法官 Newman 认为这是"是最广泛使用的解释，特别是在大多数联邦法院中"❷。这一方式也得到了联邦最高法院的支持。在解读中，最常用的同义词是"道德确信"，即以该词汇来衡量是否达到了排除合理怀疑标准：如果陪审团对被告人有罪形成了道德确信就达到了排除合理怀疑的标准，否则就没有达到该标准。"道德确信"标准首先是为了减轻控方的证明责任而引入的，因为"道德确信"被认为是与"绝对确信"相对的"合理确信"。在 Victor v. Nebraska❸ 案中，美国联邦最高法院认为："排除合理怀疑标准与道德确信标准是与绝对确信相区别的概念。在刑事审判中，这两个短语是同义词，是完全等同的。……其中的任何一个都表明这样的证据是与陪审团的确信一致的，是满足判决要求的。"

那么，什么是"道德确信"？在解释"道德确信"时，法官一般要求陪审员将他们在案中的决定与自己生活中的重要决定相比较。即在"道德确信"的类比下，合理怀疑是对所有证据仔细、公正地考虑后基于理性和常理的怀疑。排除合理怀疑标准是这样一种标准，即如此确信以致就像毫

❶ Jessica N. Cohen, "The Reasonable Doubt Jury Instruction: Giving Meaning to a Critical Concept", 22 *Am. J. Crim. L.* 677, 687 (1995).

❷ Jon O. Newman, "Beyond 'Reasonable Doubt'". 68 *N. Y. U. L. Rev.* 982, 985 (1993).

❸ Victor v. Nebraska, 511 U. S. 1, 7 (1994).

不犹豫处理自己生活中相当严肃、重要的事务一样。正如有学者所言：
"合理怀疑是基于理性和常理的怀疑。这种怀疑会使一个理性的人在作出
决定时犹豫不决。排除合理怀疑标准必须是具有这样的确信，即一个理性
的人基于确信在处理他自己最重要的事务时不会犹豫不决。"❶ 马萨诸塞州
是第一个适用"道德确信"解读"排除合理怀疑"的州，该州现在仍然使
用道德确信解释排除合理怀疑（但该州现在同时要求作出附加的说明，以
确保陪审团能了解控方的证明责任）。在 Cage v. Louisiana❷ 案中，初审法
院指示陪审团，合理怀疑是"真实存在的、实质的怀疑"，这种怀疑"会
导致重大的不确信"。同时指示中还进一步要求达到"道德确信"的证据
标准。

不过，用"道德确信"解释"排除合理怀疑"也受到各种非议。其主
要原因在于词典对于"道德确信"有完全不同的理解。而且，陪审员可能
将道德确信的指示理解为可以基于情感而不是证据和推理作出有罪裁定。
正如一个初审法院所表达的：难道"道德确信"的解释取决于陪审员个人
的宗教信仰、价值观念和哲学理念吗？在一系列案例中，众多法院表达了
对以"道德确信"解读"排除合理怀疑"的不满。例如，在 People v.
Brigham❸ 案中，加利福尼亚州最高法院不赞同使用道德确信表达排除合理
怀疑，因为它无法解释排除合理怀疑，以充分确保陪审员理解排除合理怀
疑标准而在审判中基于证据近乎确信地作出他们的裁定。到 20 世纪 80 年
代，法官对陪审团的指示中，"道德确信"指示已经走下坡路，这种趋势
在 Cage v. Louisiana 案后加速。在 Victor v. Nebraska 案中，Blackmun 法官
指出：如果告知陪审员适用道德确信的标准，在特别恶劣的案件中，陪审
员可能会基于微弱的证据作出有罪裁定。在 State v. Kozak❶ 案中，罗得岛
州最高法院认为，道德确信标准"用最好的话来说是误导，用最坏的话来
说是违反宪法的要求"（该州以前曾长期运用道德确信解释排除合理怀疑）。

---

❶ Edward J. Devitt ET AL., Federal Jury Practice and Instructions (4th. 1992), § 12. 11, p. 354.

❷ Cage v. Louisiana [498 U. S. 39, 40 (1990)]

❸ People v. Brigham, 599 P. 2d 100 (Cal. 1979).

❶ State v. Kozak, 637 A. 2d 782, 782 (R. I. 1994).

（二）"合理怀疑"的定义

对于"排除合理怀疑"的正确解读最重要的是准确理解何为合理怀疑。如果对"合理怀疑"没有正确理解就不可能正确理解"排除合理怀疑"。美国法律界对于"合理怀疑"有不同的界定方法，总而言之，有三种方式：第一种方式是从反面定义，即强调什么样的"怀疑"不是"合理怀疑"；第二种方式是从正面定义，即强调什么样的"怀疑"是"合理怀疑"；第三种方式是正反结合。

在 People v. Feldman❶ 案中，纽约州上诉法院对合理怀疑作了如下的界定：基于同情、幻想、偏见、成见、空想、多愁善感而产生的怀疑不是合理怀疑；基于陪审员因软弱、无能和胆小而逃避给他人定较重的罪行所致的不情愿也不是合理怀疑。在 State v. Taylor❷ 案中，法官对陪审团的指示中指出：合理的怀疑不是指基于猜测或推测的怀疑。这是第一种定义方式。

在 United States v. Savulj❸ 案中，法官给了陪审团如下的指示：并不要求控方以排除所有可能怀疑的标准证明犯罪成立。我们的标准是排除合理怀疑。合理怀疑是指基于理性和常理的怀疑，即这种怀疑将使一个理性的人在是否定罪上犹豫不决。因此，排除合理怀疑的证据标准必须是这样的证据标准，即作为一个理性的人就像处理自己最重要的事一样，不会犹豫基于坚信而定罪。这属于第二种定义方式。

1793 年，在 State v. Wilson❹ 案中，新泽西州一个法院的法官对陪审团的指示中认为：合理怀疑不是"荒唐地提出来"的怀疑，而是那些基于"对证据仔细思考"的怀疑。在 Ramirez v. Hatcher❺ 案中，法官给陪审团的指示中对合理怀疑作了定义：这里的怀疑是"真实存在的、实质的"而

---

❶ People v. Feldman，71 N. E. 2d 433，439（N. Y. 1947）.
❷ State v. Taylor，687 A. 2d 489，501 n. 12（Conn. 1996）.
❸ United States v. Savulj，700 F. 2d 51，69（2nd Cir. 1983）.
❹ State v. Wilson，1 N. J. L. 502，506（1793）.
❺ Ramirez v. Hatcher. 136 F. 3d 1209，1211（9th Cir. 1998）.

不是"仅仅可能的或猜测的"怀疑。马萨诸塞州最高上诉法院首席法官Lemuel Shaw 的说法更为详尽：什么是合理怀疑？合理怀疑是一个经常使用的词汇，可能也相当好理解，但难于定义。它不仅仅是可能的怀疑；因为与人类事件相关且依靠道德证据的每个事情都存在一些可能或想象的怀疑的可能性。合理怀疑是案件处于这样一种状况，即经过对所有证据的比较和考虑，在陪审员看来他们仍然不能说他们感觉可以定罪，对指控的真实性没有达到道德确信的程度。证明责任由控方承担。所有独立于证据的推定都有利于无罪。每个人在被证明有罪前都推定为无罪。如果基于这样的证据仍存在合理怀疑，就应当基于被告人的利益作出无罪裁定。因为只确立可能性是不够的，尽管某一证据力度很强，尽管指控事实可能为真的可能性比可能为假的可能性大。证据必须确立事实的真实性至合理和道德的确信。那些有义务基于良心而行动的人的确信将说服和指导理解力，满足推定和判断。❶ 这属于第三种定义方式。

四、关于是否将"排除合理怀疑"标准量化的争议

无论采用什么样的描述性文字对"排除合理怀疑"进行解释，标准总是模糊而难以把握，因此有学者提出是否能将该标准量化，即以数学化的百分比来表达如何达到排除合理怀疑的程度。例如有学者认为："在刑事案件中，法律倾向于有利于被告人。法律宁愿一些有罪的人被释放也不愿一些无罪的人被定罪。问题在于：（1）最低的可能性设定为多高；（2）这一标准如何表达。定量是一个表达标准的方式。通过我们的观察，对于成千上万的陪审员而言，将证据标准用描述性语言和清晰的百分比加以表达可能会更好适用。"❷ 有学者提出："关于'排除合理怀疑'的证据标准，

---

❶　Robert C. Power, "Reasonable and Other Doubts: The Problem of Jury Instructions", 67 *Tenn. L. Rev.* 45, 63 (1999).

❷　Jack B. Weinstein, "Comment on the Meaning of 'Proof Beyond a Reasonable Doubt'", 5 *Law, Probability & Risk* 167, 167 (2006).

除了描述性的表达外，一些关于有罪可能性的定量的定义是有必要的。"❶
刑事诉讼中，确实有运用量化方法解读排除合理怀疑标准的做法。例如，
在 People v. Ibarrap❷ 案中，控方解释"排除合理怀疑"时使用了一个图
表，在图表中以百分比的方式表达不同的证明标准。图表展示了从 100%
的确信标准到 60% 的排除合理怀疑最低标准的不同标准。该表中 70% 为排
除部分怀疑、80% 为排除所有怀疑，90% 为绝对确信。

　　主张对"排除合理怀疑"进行量化的人中，对于何种程度就认定为达
到了该标准，又有不同的观点。正如有学者所言："支持将排除合理怀疑
标准量化的观点对于该标准的数学化含义总体上存在较大的分歧。"❸
Weinstein 法官以"排除合理怀疑"为主题对纽州东区的十个联邦法官进行
了问卷调查。九个法官给出了百分比。九个人中，一个法官认为有罪可能
性的比率要达到 76%，一个法官认为比率要达到 80%，四个法官认为要达
到 85%，两个法官认为要达到 90%，一个法官认为要达到 95%。这表明
这种比率基本在 85% ~ 90%。另一份以"排除合理怀疑"最低比率标准为
主题对美国所有的联邦法官进行了调查。给出有效调查的 171 个法官中，
126 人认为最低标准是 90% 或比这一标准更高，11 人认为最低标准是 75%
或更低，甚至有人认为最低可以是 50%。❹ 针对陪审团的调查表明，许多
陪审团中大多数陪审员认为 70% 的可能性就符合排除合理怀疑的证据标
准。❺ 有的学者则主张："任何情况下，任何小于 80% 的可能性都应当理解

　　❶ Jack B. Weinstein, "Comment on the Meaning of 'Proof Beyond a Reasonable Doubt'", 5 *Law*, *Probability & Risk* 167, 167 (2006).

　　❷ People v. Ibarra, No. H021123, 2001 WL 1330296 (Cal. Ct. App. 26 October 2001).

　　❸ James Franklin, "Case Comment—United States v. Copeland, 369 F. SUPP. 2D 275 (E. D. N. Y. 2005): Quantification of the 'Proof Beyond Reasonable Doubt' Standard", 5 *Law*, *Probability & Risk* 159, 164 (2006).

　　❹ Lawrence M. Solan, "Refocusing the Burden of Proof in Criminal Cases: Some Doubt About Reasonable Doubt", 78 *Tex. L. Rev.* 105, 127 (1999).

　　❺ James Franklin, "Case Comment—United States v. Copeland, 369 F. SUPP. 2D 275 (E. D. N. Y. 2005): Quantification of the 'Proof Beyond Reasonable Doubt' Standard", 5 *Law*, *Probability & Risk* 159, 164 (2006).

为不符合排除合理怀疑的证据标准。"[1]有学者提出："如果我是事实裁定者，我会考虑我自己关于被告人有罪的确信程度，范围是从 0 到 100%，除非我确信的程度超过 95% 的范围，否则我不会赞同裁定有罪。"[2]

但也有许多人反对量化"排除合理怀疑"标准。法院通常宣称，排除合理怀疑标准要求事实裁判者所作的是定性判断而不是定量判断。有学者对反对量化"排除合理怀疑"标准的理由作了分析："反对将刑事案件证据标准——'排除合理怀疑'量化的理由来自两大方面：政策导向、伦理和心理导向。包括：不同的案件可能有不同的标准，例如，刑罚越重标准越高；应当让陪审团根据特定案件的不同事实确定不同的标准；既然事实上对于排除合理怀疑标准的准确数量存在极大的争议，那么试图将数量标准化只会导致混淆，也只可能有表面的统一，不可能有真正的一致；内在上，概率无法用于表达准确的数量；可用于定罪的证据应当是'实质性的'或'有分量的'，数量上的可能性仅仅表达赞同或反对理由之间的平衡，而不是这些理由是否为实质性的。"[3] 有的学者认为："可能偶尔在某个案件中法院愿意接受某种量化的合理怀疑标准，但这样的案件太少。通常，以数学的方法对合理怀疑标准进行量化以明确排除合理怀疑是不允许的。"[4] 一些法院也反对量化"排除合理怀疑"标准。在 United States v. Hall[5] 案中，Richard Posner 法官认为："当要求法官和陪审团将他们用于定罪所要求的确信转变为百分比或比率时，他们有时会提出荒唐的低数值——如 76%，有的则是 50%。"

---

[1] James Franklin, "Case Comment—United States v. Copeland, 369 F. SUPP. 2D 275 (E. D. N. Y. 2005): Quantification of the 'Proof Beyond Reasonable Doubt' Standard", 5 *Law, Probability & Risk* 159, 1604 (2006).

[2] Jon O, "Newman Quantifying the Standard of Proof Beyond a Reasonable Doubt: a Comment on Three Commnets", 5 *Law, Probability & Risk* 267, 268 (2006).

[3] James Franklin, "Case Comment—United States v. Copeland, 369 F. SUPP. 2D 275 (E. D. N. Y. 2005): Quantification of the 'Proof Beyond Reasonable Doubt' Standard", 5 *Law, Probability & Risk* 159, 159 (2006).

[4] Peter Tillers, Jonathan Gottfried, "Case Comment—United States v. Copeland, 369 F. SUPP. 2D 275 (E. D. N. Y. 2005): a Collateral Attack on the Legal Maxim that Proof Beyond a Reasonable Doubt is Unquantifiable?" 5 *Law, Probability & Risk* 135, 136 – 137 (2006).

[5] United States v. Hall, 854 F. 2d 1036 (7th Cir. 1988).

  关于证据数学分析的优缺点的争论已经长达三十多年，争议的结果仍不清楚：不知道证据数学分析的支持者还是反对者会取得最后的胜利。但有学者认为："许多美国法官现在接受数学和定量方法能解决一些法律问题。所有美国法官现在接受或必须接受数学和定量方法产生的结果在审判中经常是可以运用的。在诉讼中数学和定量方法的使用日益增加，这预示和表明了司法对于自然科学态度的变化。司法领域的这种知识文化的变化可能会为排除合理怀疑的最终'数量化'提供沃土。"[1]

  除了以比率的方式量化排除合理怀疑外，在司法实践中，也有人以运动场理论量化该标准。例如，在 State v. Casey[2] 案件中，控方告知陪审员何为排除合理怀疑时说："好吧，我愿意以足球场作比较，你从一端边线跑向另一端边线。如果你一下子跑到了，并触地得分，那么就好比 100% 的可能性，这就是没有任何怀疑。我认为合理怀疑是大约 75%，在一个 100 码的'足球场'上 75 米线到 90 米线之间那段距离。"在 Petrocelli v. Angelone[3] 案中，地区法院的法官说：刑事案件的证明标准是排除合理怀疑，你可以用运动场的理论确定控方对被告人的犯罪证明是否达到了排除合理怀疑的程度，即排除合理怀疑是"就像接近足球场上那条 97 码的线"。在 State v. DelVecchio[4]案中，初审法院法官引用辩护律师的观点，以足球场类比"合理怀疑"："在辩护律师 Altschuler 先生给陪审团的总结陈词中，他谈到了合理怀疑，他以两个体育的类比给合理怀疑作了解释。一个是棒球运动，另一个是足球运动。我与他谈过，而且他也知道我会将这些告诉你们。他并不是说为了达到裁定犯罪的程度你们必须到 100 码线，也不意味着为了达到排除合理怀疑你们必须到达 100 码线。"

---

 ❶ Peter Tillers, Jonathan Gottfried, "Case Comment—United States v. Copeland, 369 F. SUPP. 2D 275（E. D. N. Y. 2005）: a Collateral Attack on the Legal Maxim that Proof Beyond a Reasonable Doubt is Unquantifiable?" 5 *Law*, *Probability & Risk* 135, 137（2006）.

 ❷ State v. Casey, No. 19940, 2004 WL 405738, p6（Ohio App. 5 March 2004）.

 ❸ Petrocelli v. Angelone, 248 F. 3d 877, 888（9th Cir. 2000）.

 ❹ State v. DelVecchio, 191 Conn. 412, 417 – 18, 464 A. 2d 813, 817 – 18（1983）.

推定在犯意认定中的运用

——基于英美国家犯意推定的思考

摘　要： 由于意识与意志的主观性，刑事诉讼中犯意的证明一直是困扰控方的难题。在缺乏被告人自白的情况下，犯罪的证明完全依赖于推定这一手段。但推定结论的或然性引发了人们关于犯意认定中推定运用可行性的怀疑；犯意推定的证据标准也无法与直接证明的标准一致；推定还可能导致证明责任分配上的争论。英美国家刑事诉讼中对于犯意推定形成了较为稳定的规则，可资借鉴。

关键词： 推定；犯意；必要性；证据标准；证明责任

在证据学中，推定是指缺乏证据直接证实 A 事实时，基于已经得到证明的 B 事实，根据 B 事实与 A 事实之间的内在联系，推定 A 事实的存在。推定的根据是事实之间的内在联系，这样的内在联系是人们在长期生活中通过反复实践所取得的一种因果关系经验。在刑事诉讼中，犯意认定是否可以借助于推定这一手段？犯意推定的证据标准是什么？犯意推定的反驳中被告人是否承担证明责任？笔者试图基于英美国家刑事诉讼中犯意推定的运用对这些问题作初步解答。

一、推定在犯意认定中的争议

推定通常是人们利用归纳法从经验中推导出结论，其结论往往具有或然性。例如有学者认为："推定是人们基于经验法则而来的，人们对社会某种现象反复认识之后，逐渐掌握了其内在的规律，对这种内在规律的认识即经验法则，具有高度的盖然性……因为事实推定的机理是基于盖然性，因而得出的结论并非是必然的，而存在或然性。"❶ "因为其他事实与待证事实间没有那么高的盖然性，从而通过推定来认定案件事实，相对于通过证据来认定，其出现偏差的可能性要大。"❷ 正是这种非必然性，推定运用的可靠性一直受到人们的质疑。弗兰西斯·培根的观点较为偏激，他说：理性常常欺骗我们，我们须在理性的翅膀上系上重物，防止它飞跃，一切错误都是由推理造成的。❸ 英国哲学家罗素关于推定的质疑观点具有普遍性。他说："我发现大多数关于非证明的推理的讨论过于限于归纳法的研究。我得到的结论是，归纳的论证，除非是限于常识的范围内，其所导致的结论是伪常多于真。常识所加的界限容易感觉得到，但是不容易用公式说出来。最后我得到的结论是，科学上的推理需要不能证明逻辑以外的原理，归纳法并不是这种原理之中的一种。归纳法有它的作用，但是不通用作前提。""我觉得以前是过于重视了经验，因此我觉得经验论这种哲学非大受限制不可。"❹

在我国法学界对事实推定是否应当适用或是否能够在定罪过程中运用一直存在争议。一般认为，推定在诉讼中具有重要意义。如有学者认为，事实推定即逻辑推定在诉讼中具有间接证据的作用，对法院来说可以增强

---

❶ 何家宏主编：《证据学论坛》（第三卷），中国检察出版社 2001 年版，第 164 - 165 页。

❷ 王利明等主编：《中国民事证据的立法研究与应用》，人民法院出版社 2000 年版，第 815 - 816 页。

❸ 王继民：《从日常生活经验法则解析事实推定的司法适用》，《人民检察》2004 年第 5 期。

❹ ［英］伯特兰·罗素著：《我的哲学的发展》，温锡增译，商务印书馆 1996 年版，第174 - 175 页。

对某种事实的确信；对当事人或检察院来说，可以减轻其举证责任。❶ 但也有学者对事实推定的运用表达了担忧。例如，有人从推定与刑法中的罪刑法定原则相违背出发，认为："推定可用于解决民事纠纷，但在刑事法律上应该严格贯彻罪刑法定原则，法无明文规定不为罪，法无明文规定不处罚，凡是刑法上没有明确规定为犯罪行为的不得定罪，也不得在缺乏充分证据的情况下对行为人实施处罚，因此绝对不能将推定的事实作为追究当事人刑事责任的依据。"❷ 有人认为："从事推论而违背经验法则，及论理法则，所在多有，民刑皆然。借自由心证、多凭情况证据或所谓间接证据，为偏而不全之推论，甚至仅凭主观之推测。由此建立一种结论，无异创造一种结论，危险殊甚，无可讳言。"❸ 还有人认为："推定中不仅包含有专断和人为的因素，而且具有偏见的成分。"❶

但我国刑事立法与刑法理论中，任何犯罪的成立必须以行为人具备主观罪过为前提。从刑事立法上看，我国不但在刑法总则中规定了犯罪故意与过失，而且在刑法分则中规定了任何犯罪均应当由故意或过失构成。在故意犯罪中部分犯罪的罪状还规定了特定的目的，如以非占有为目的、以营（牟）利为目的、以非法销售为目的、以传播为目的、以勒索财物为目的、以出卖为目的、以泄愤为目的等。这些规定强调行为人行为的目的性，只有具备法定目的，其行为才构成犯罪或构成特定的犯罪。但这些目的的证明如果缺乏被告人的供述，通常难以基于证据直接加以证明。

二、犯意认定中推定运用的必要性

罪过的内容是意识与意志。由于意识与意志因素均内在于行为人的脑

---

❶ 刘金友主编：《证据理论与实务》，法律出版社 1992 年版，第 176 页。

❷ 余凌云、曹国媛：《不能以推定的事实作为刑事、行政处罚的依据》，《道路交通管理》2002 年第 7 期。

❸ 李学灯：《证据法比较研究》，台湾五南图书出版公司 1992 年版，第 298 页。

❶ 纪敏主编：《证据全书》，中国民主法制出版社 1999 版，第 2270 页。

海观念中，故而难以让外界认识和把握。因此，哲学和心理学界均认为意识和意志是一个棘手的问题。正如有学者所言："意识问题一直是科学和哲学研究中的极其困难和复杂的问题。"❶ "意识是心理学中的一个传统基本理论问题，更是哲学、心理学上的老大难议题。"❷ 由于意识与意志的主观性，我们对他人意识与意志的把握相当困难，这也导致了刑事诉讼过程中罪过证明的困难。正如有学者所言："你无法看到犯意，甚至最先进的现代技术也无法发现或衡量犯意。"❸ "证明犯意是相当困难的。在犯意下，公诉方必须将被告人基于所需犯罪心态实施了犯罪行为证明到排除合理怀疑的程度。例如，强奸罪的犯意标准通常要求公诉方证明被告人知道被害人不同意。犯罪心态确实很难证明，特别是当公诉方基本依赖间接证据（circumstantial evidence）证明其案件时。"❹ 我国学者在论述"明知"时也认为："'明知'作为人的一种心理活动，有一个非常复杂的形成及表现过程，目前的科学技术水平根本无法将其客观地再现出来。"❺

但这种困难并不说明犯意无法认识和把握。因为主观性只是意识与意志的特征之一，其另一特征即客观性使意识与意志可以为外界所认识与把握。正如有学者所言："人们常讲意识的形式是主观的，这话不错。其实，不仅意识的形式，就是意识（包括意识的内容、要素、材料）也都是主观的。但是，意识形式作为意识把握客观世界的方式，它是客观世界的反映，而不是纯粹主观自生的。"❻ 正是意识与意志的客观性使罪过认识成为可能。同样，作为行为人犯意的意识和意志因素也可以基于外界因素加以认识和把握。例如有人认为："明知"这一主观要件的认定，一般无法凭直接证据来证明，而只能通过行为人的客观行为来认定。❼ 另有人认为：

❶ 冯契主编：《哲学大辞典》，上海辞书出版社 2001 年版，第 1816 页。
❷ 冯契主编：《哲学大辞典》，上海辞书出版社 2001 年版，第 1816 页。
❸ 霍涌泉：《意识研究的百年演进及理论反思》，陕西师范大学学报（哲学社会科学版）2006 年第 3 期。
❹ Assaf Hamdani, "Mens Rea and the Cost of Ignorance", 93 *Va. L. Rev.* 415, 422 (2007).
❺ 游伟、肖晚祥：《论被告人在刑事诉讼中的证明责任》，《人民司法》2001 年第 5 期。
❻ 韩民青著：《意识论》，广西人民出版社 1988 年版，第 99 页。
❼ 游伟、肖晚祥：《论被告人在刑事诉讼中的证明责任》，《人民司法》2001 年第 5 期。

认定"明知"的唯一方法就是通过客观行为来推定,因为人的思想是对客观的反映,支配着人的活动。人的活动是人的思想的外部表现,反映着人的思想。犯罪主观方面是支配犯罪行为的心理基础,它必将通过犯罪的客观行为表现出来。❶

那么,司法实践中如何认识行为人的犯意?一般认为,自白是犯意的唯一直接证据,但被告人很少承认自己的真实意图。而且,即使犯罪嫌疑人或被告人供述了自己的主观心态,我们也无法纯粹依据行为人的自白确定其犯意。因为《刑事诉讼法》第55条规定:"对一切案件的判处都要重证据,重调查研究,不轻信口供。只有被告人供述,没有其他证据的,不能认定被告人有罪和处以刑罚。"最高人民法院、最高人民检察在《关于办理盗窃案件具体应用法律若干问题的解释》中也强调:"认定窝藏、销赃罪中的'明知',不能仅凭被告人的口供,应当根据案件的客观事实予以分析。只要证明被告人知道或应当知道是犯罪所得的赃物而予以窝藏或者代为销售的,就可以认定。"所以犯意的证明通常依赖于案中的间接证据。所谓间接证据是无法单独直接证明案件主要事实而需要与其他证据结合起来才能证明案件主要事实的证据。

如何以间接证据证明犯罪嫌疑人的犯意?这就要借助于推定的运用。美国联邦最高法院认为:"推理和推定是对抗式诉讼中事实发现的重要方法。对事实裁判者而言,从一个或更多的'证据的'或'基础的'事实中推定某一犯罪要素存在与否是必要的。"❷ 主观故意的推定是事实推定的一个好例证。❸ 我国也有学者认为:可以从行为人作案手段、作案工具、打击部位等明知会发生或者可能发生不同的危害社会的结果,并且希望或者放任这种结果的发生,而推断出行为人的罪过形式与内容。❶

在我国司法实践中,推定被广泛地运用于犯意的证明中。例如一些故

---

❶ 陈兴良主编:《刑事法判解(第2卷)》,法律出版社2000年第251页。

❷ Mobile, J. & K. C. R. Co. v. Turnipseed, 219 U. S. 35 (1910)., at 42;TOT v. United States, 319 U. S. 463 (1943). p. 467;Barnes v. United States, 412 US 837 (1973)., pp. 843 – 844.

❸ P. B. Carter, *Cases and Statutes on Evidence*, London:Sweet & Maxwell, 1990, p. 77.

❶ 谭永多著:《刑事证据规则理论与适用》,人民法院出版社2003年版,第169页。

意犯罪中对行为人主观方面有"明知"的要求。行为人是否"明知"的证明就要运用推定。例如《刑法》第三百一十条规定，明知是犯罪的人而为其提供隐藏处所、财物，帮助其逃匿或者作假证明包庇的，构成窝藏、包庇罪。司法实践中如何认定此明知？最高人民法院、最高人民检察院总结司法实践中的成功经验，在《关于办理盗窃案件具体应用法律若干问题的解释》中规定：认定窝藏、销赃罪中的"明知"……应当根据案件的客观事实予以分析。只要证明被告人知道或应当知道是犯罪所得的赃物而予以窝藏或者代为销售的，就可以认定。《关于依法查处盗窃、抢劫机动车案件的规定》更是明确指出："本规定所称的'明知'，是指知道或者应当知道。有下列情形之一的，可视为应当知道，但有证据证明确属被蒙骗的除外：（一）在非法的机动车交易场所和销售单位购买的；（二）机动车证件手续不全或者明显违反规定的；（三）机动车发动机号或者车架号有更改痕迹，没有合法证明的；（四）以明显低于市场价格购买机动车的"。又如《刑法》第192条规定，以非法占有为目的，使用诈骗方法非法集资，数额较大的构成集资诈骗罪。该罪的认定中，必须证明行为人"以非法占有为目的"。最高人民法院《关于审理诈骗案件具体应用法律的若干问题的解释》中曾经规定，具有下列情形之一的，应当认定其行为属于"以非法占有为目的，使用诈骗方法非法集资"：（1）携带集资款逃跑的；（2）挥霍集资款，致使集资款无法返还的；（3）使用集资款进行违法犯罪活动，致使集资款无法返还的；（4）具有其他欺诈行为，拒不返还集资款，或者致使集资款无法返还的。

联合国关于刑事犯罪的公约中也有关于犯意推定的规定。例如联合国《打击跨国有组织犯罪公约》第5条第二款规定："本条第一款所指的明知、故意、目标、目的或约定可以从客观实际情况推定。"联合国《反腐败公约》第28条规定："根据本公约确立的犯罪所需具备的明知、故意或者目的等要素，可以根据客观事实情况予以推定。"

当然，只有直接证据无法证明犯罪要素时我们才借助于推定的运用，因为推定并不是犯罪证明的主要手段。正如有学者所言："任何案件，主要是通过证明确认的，采用推定形式解决某些事实问题，不论在哪个国家司法中，都处于辅助的地位。"❶ "与证据直接证明相比，推定是一种降低了标准的论证方式，属于不得已而为之，因此推定只能用于不得已的场合。"❷

也是由于推定的不精确性，有学者提出在刑事诉讼中要限制推定运用。如有学者认为："为防止和限制事实推定的滥用，应该明确其适用范围仅限于毒品犯罪、贪污贿赂犯罪、黑社会犯罪、恐怖主义犯罪等严重犯罪中涉及明知、故意、目的、目标、约定等主观方面的事项，而不能任意扩大事实推定的适用范围。"❸

三、犯意推定的标准

推定的根据是推定事实与基础事实之间的内在联系，只有两个事实之间存在内在联系才可能有推定的存在。两个事实之间的联系是什么？在英美法系国家，推定的标准是基础事实与推定事实之间存在"合理联系"（rational connection）。这一标准是在 1910 年的一个民事过失案 Mobile, Jackson, & Kansas City Railroad v. Turnipseed ［219 U. S. 35（1910）］中由美国联邦最高法院创立的。在该案中，联邦最高法院认为，只要推定事实与已经被证明的事实（即基础事实）之间存在合理的联系，推定就是合宪的。在 Tot v. United States ［319 U. S. 463（1943）］案中，联邦最高法院强调了"合理联系"标准在刑事案件中的运用。在 Leary V. United States ［395 U. S. 6（1969）］案中，在重温了 Tot 案中联邦最高法院的判决和其他刑事推定的案例后，哈兰（Harlan）法官在为联邦最高法院所写的判词中总结到："该刑事制定法中的推定必须认为是'非理性的'和'任意的'，因此是不合宪的，除非实质性地确保这种推定的事实极可能是作为

❶ 裴苍龄：《论推定》，《政法论坛》1998 年第 4 期。
❷ 何家宏主编：《证据学论坛》（第六卷），中国检察出版社 2003 年版，第 347 页。
❸ 崔敏主编：《刑事诉讼与证据运用》（第二卷），中国人民公安大学出版社 2006 年版，第 487 页。该论者明确了推定运用的有限性，这是笔者赞同的。但笔者并不认同推定只能用于其列举的几方面。笔者认为，对于犯意认定中均可以运用推定。笔者主张犯意以外其他犯罪成立要素认定中应当慎用推定。

其基础的已经被证明事实的结果。"

一般认为"合理联系"是人们在长期的生产、生活中反复实践后所取得的事实之间的因果关系的经验总结，这种因果关系是事实之间的一种内在联系。这种内在联系被实践证明绝大多数情况下是真实的，具有高度的盖然性，只有在非常特殊的情况下才产生例外。也就是说，基于这种内在联系，当某一事实存在时，另一事实就必定或极大可能存在。至于联系的合理程度很难给出一个确定的量化标准，通常取决于被推定事实与基础事实联系的密切程度。正如有学者所言："推定规则的效果很难抽象地作出评价。这取决于基于经验和通常感觉事实 X 与 Y 之间联系的密切程度。如果 X 与 Y 联系紧密，那么从一个事实推导出另一个事实的推定的可信度将显而易见。相反，如果两事实之间联系完全不紧密，即事实 Y 通常不能视为事实 X 的充分证据，那么这种推定将允许陪审团作出无罪判决，而不是相反。"❶

"合理联系"标准说明推定事实与基础事实之间存在经验上的、较强的联系，但这并不能说明基于已经被证明的事实必定就推导出推定事实，这种联系实际上无法达到英美法系国家刑事证明中排除合理怀疑的标准。英美刑法学者均认为犯罪包括两方面的要素：危害行为和犯意。正如有学者所言："一般说来，犯罪包括两方面的要素：危害行为（actus reus），即犯罪的物理或外部部分；犯意（mens rea），即犯罪的心理或内在特征。"❷有学者认为："通常将犯罪分为两个要素：危害行为和犯意，任何犯罪均可分解为这些因素。例如，谋杀是故意杀害他人的犯罪，谋杀罪的行为是杀人，犯意是故意。"❸ 从这些学者的观点看，犯罪成立必须犯罪外部要素

---

❶ Jerome Hal, *General Principles of Criminal Law*, Lexis Law Pub, 1960, p. 106.

❷ Joshau Dressler, *Understanding Criminal Law*, New York：Matthew Bender & Company, Inc., 2001, p. 81.

❸ Nicola Padfield, *Criminal Law*, Beccles and London：Reed Elsevier（UK）Ltd., 2002, p.21.

（危害行为）和内部要素（犯意）同时存在。● 也就是说，控方必须将犯意证明到排除合理怀疑的程度。但很显然，在运用推定认定行为人的犯意时，无法达到排除合理怀疑的标准。因为基于一个事实推定出另一个事实，只是一种可能性，即使这种可能性极大，也无法说明这是百分之百的准确。正如有学者所言：在刑事诉讼中，"推定允许陪审团从另一个事实推定事实，减轻了控方将推定事实证明到排除合理怀疑程度的责任。在某种程度上，被证明的事实与被推定的事实不可能完全一样，从一个事实推定出另一个事实，正如一个积极辩护，构成了排除合理怀疑标准的一个例外。在这一点上，推定在功能上相当于一个积极辩护"●。因此，犯意推定的标准与证明标准存在一定的差距。

我国法定的证明标准是"案件事实清楚、证据确实充分"。这就要求犯罪主观事实清楚，认定犯意的证据确实充分。对于这一标准，学界有客观真实说与法律真实说。客观真实主义者认为："法院判决中所认定的案件事实与实际发生的事实完全一致。"● 法律真实主义者认为："所谓法律真实是指公检法机关在刑事诉讼证明的过程中，运用证据对案件真实的认定应当符合刑事实体法和程序法的规定，应当达到从法律的角度认为是真实的程度。"● 从推定结论的或然性看，犯意推定只可能用法律真实衡量其标准问题，无法达到客观真实的要求。而且，即使以法律真实为标准，犯意推定也无法真正达到"案件事实清楚、证据确实充分"的程度。这说明没有被告人的自白且以其他证据加以补强的情况下，基于推定的犯意认定

● 危害行为（actus reus）和犯意（mens rea）这两个拉丁词语来自科克的著作《制度论》（Coke's Institutes）中的一个句子。Jonathan Herring, Marise Cremona, *Criminal Law*, London：Macmillan press Ltd. , 1989, p. 28. 不过，很多学者认为，此拉丁语模棱两可，在使用时可能导致混淆。Nicola Padfield, *Criminal Law*, Beccles and London：Reed Elsevier（UK）Ltd. , 2002, p. 21. 有学者认为，它们本身就可能导致误解，这一用语已经受到了来自学者和法官们的批评。在 Miller 案中，Diplock 公爵使用的是"被告人的行为和行为时他的心理状态"。Jonathan Herring, Marise Cremona. *Criminal Law*, London：Macmillan press Ltd. , 1989, p. 28. 即使如此，危害行为与犯意这两个术语在英美刑法中仍被广泛地运用。

● John Calvin, Jeffries, Paul B. Stephan III, "Defenses, Presumptions, and Burden of Proof in the Criminal Law", 88 *Yale L. J.* 1325, 1336（1979）.

● 陈一云主编：《证据学》，中国人民公安大学出版社1991年版，第114页。

● 樊崇义：《客观真实管见》，《中国法学》2000年第1期。

无法达到通常的证明标准的要求。正如有学者所指出的："由于有罪认定对公民造成的严重后果，必须以基本事实的严格证明为基础，如不能达到这种证明效果，应当推定其无罪。这无疑应当成为刑事诉讼的一般原则。然而这一原则也有例外。这种例外是根据三方面的理由，一是政策的需要，即为打击某种行为的特殊需要；二是因为证明上的特殊困难，从而解决所谓'一般证据走入死胡同'的问题；三是行为人的先前行为本身导致其证明责任的承担。"❶ "它（指推定——引者注）的实质是降低证明标准，即由一般的定罪标准'排除合理怀疑'，降低为一种'优势证明'，即'更大的可能性'的证明。"❷

四、犯意推定与反驳

从分类上看，推定通常可以分为三种，即决定性的或不可反驳的法律推定（conclusive or irrebuttable presumption of law）、非决定性的或可反驳的法律推定（inconclusive or rebuttable presumption of law）和事实推定（presumption of fact）。法律推定可细分为决定性的推定与非决定性的推定，而事实推定则没有这种分类。其原因在于事实推定均为可反驳的推定，即推定的事实不是决定性的。由于刑事制裁的严重后果，没有哪个国家在刑事法律上规定决定性的推定。因此，在刑事领域里的推定均是可以反驳的推定。我国有学者认为："无论法律上的推定还是事实上的推定，都应该允许反驳。这是由推定的不精确性或盖然性所必然得出的结论。……从诉讼意义上来说，允许对推定进行反驳还有另外一种理由，即推定所依据的经验或常识有时沾染了理论，而理论有的是有偏见的，欠公允的。因此，在审判实践中，审判人员依靠经验或常识进行推理尤需慎重。"❸ 这一观点明

---

❶ 龙宗智著：《相对合理主义》，中国政法大学出版社 1999 年版，第 471 页。
❷ 龙宗智著：《相对合理主义》，中国政法大学出版社 1999 年版，第 471 页。
❸ 叶自强：《刑事上的推定与法律上的推定》，《人民法院报》2001 年 11 月 23 日。

确指出推定的不精确性和可能存在的欠公允性导致推定可以被反驳❶。还有学者主张："通过被告人的有效反证来推翻控方用间接证据所作的推定，从而把可能造成的负面效果降低到最低限度。质言之，如果被告人不进行反证，只要控方用以证明犯罪主观要件的间接证据——有关客观行为的证据充足，就当然地推定控方所要证明的主观要件成立。"❷

从推定的结构上看，所有推定均有基础事实（basic facts）和推定事实（presumed facts）。推定的适用首先必须有基础事实或一系列的基础事实。一旦基础事实被证明为真，基于两事实间的内在联系，就基本上或完全可以认定推定事实存在。通常情况下，对于推定的反驳可以从两个方面进行：一是质疑基础事实，即质疑作为推定的基础事实的真实性或让事实裁定者对推定的基础事实的真实性产生怀疑；二是对基础事实与推定事实之间的联系加以质疑，即主张基于经验或常识基础事实无法推定出推定事实。

无论是从哪个方面入手，都涉及证明责任的分配问题。我国有学者认为："推定是重要的法律行为，是必然要引起法律效力的。推定的第一种效力就是引发举证责任的转移。这是任何一项推定一经做出，就一定会产生的一种法律效力。"❸ 不过，也有学者认为："事实推定……对当事人或检察院来说，可以减轻其举证责任。……事实推定不能导致举证责任的转移，因举证责任是同败诉风险联系在一起的，负有举证责任的一方如果无法举证或者举证不充分将导致败诉，而事实推定尽管是根据事物之间的常态联系所为，但毕竟具有相对性、不确定性，而且法律上又无规定，事实推定与法律推定相比，又是大量的，所以如果导致举证责任的转移，就很可能使负有举证责任的一方在不举证的情况下胜诉。在刑事诉讼中可能导致有罪推定。"❹ 而且，即使认为被告人要提出反驳证据的情况下，被告人

---

❶ 当然，如前文所指出的，并非所有推定均可以被反驳，部分法律推定是不可以反驳的，只有事实推定和部分法律推定可以被反驳。

❷ 游伟、肖晚祥：《论被告人在刑事诉讼中的证明责任》，《人民司法》2001 年第 5 期。

❸ 裴苍龄：《再论推定》，《法学研究》2006 年第 3 期。

❹ 刘金友主编：《证据理论与实务》，法律出版社 1992 年版，第 176 – 177 页。

提出证据是一种义务还是权利，仍有不同的观点。如有学者认为："这样，被告人的反证就成了他的一种义务，因为他不如此行事，就要承担不利的后果。"可见，在这种情况下，被告人负有证明控方所指控的主观要件不存在的证明责任。❶另有学者认为："即使是被告人提出证据反驳的，这种举证在大多数情况下也仅是被告人的一种权利而不是义务，不是被告人的举证责任。"❷

　　犯意认定中，推定是否会导致证明责任的转移？提出证据反驳推定是被告人的一种权利还是义务？在英美法系国家中，对现代刑事证明责任分配的确立具有里程碑意义的是 Woolmington v. DPP〔（〔1935〕 AC 462（HL）〕案。该案中英国上议院首席大法官三其（Sankey）伯爵说："在英格兰整个刑事法网上总可以看到一根金线，即除了我已经说过的精神错乱辩护和一些法定例外情况，证明被告人有罪是控诉方的责任……无论指控的是什么罪行，也无论是在哪里审判，控诉方必须证明被羁押者有罪的规则是英格兰普通法的一部分，任何削弱或损害这一规则的企图都是不允许的。"❸ 这说明，在英美法系国家刑事证明责任分配中，犯意是由控方加以证明的。由于犯意的特定属性，绝大多数情况下，控方只能基于间接证据推定行为人行为时的犯意。由于推定是可以反驳的，被告方反驳时必然要提出相关的证据对推定的基础事实或推定事实与基础事实之间的联系加以质疑。这就必然使被告方承担一定的证明责任。对于被告方的这一证明责任，英美学者一般认为，被告方只是承担提出证据的责任，而不承担说服责任。正如有学者所言："仅仅是提出证据责任的转移，说服责任并不随之转移，这对被告人和政府实质关系的影响如果有的话也是影响甚微。相反，将提出证据的责任赋予被告人是我们筛选与案件无关的争点的经济方法，而且也能提高诉讼的效率。"❹ 在 County Court of Ulster Cty. v. Allen

---

❶　游伟、肖晚祥：《论被告人在刑事诉讼中的证明责任》，《人民司法》2001 年第 5 期。

❷　何家宏：《证据学论坛》（第六卷），中国检察出版社 2003 年版，第 347 页。

❸　Raymond Emson, *Evidence* (2nd ed), New York: Palgrave Macmillan, 2004, p.424.

❹　John Calvin Jeffries, Paul B. StephanⅢ, "Defenses, Presumptions, and Burden of Proof in the Criminal Law", 88 *YaleL. J.* 1325, 1334 (1979).

[442 U. S 140〔1979〕] 案中，美国联邦最高法院认为，只要被证明的事实足以排除合理怀疑地支持对被告人有罪的推定，这种将证明责任转移给被告人的推定就应当得到法院的支持。● 从英美法系国家证明责任分配上看，在犯意推定中，控方承担基础事实的提出证据的责任和说服责任；如果被告人反驳推定，就必须就其主张提出相关的证据，使事实裁判者对基础事实或"合理联系"产生怀疑；然后再由控方说服事实裁判者：被告人提出的证据不真实或基础事实与推定事实间的联系是合理的。另外，英美法系国家证据法上，证明责任通常表述为 burden of proof。显然，作为一种"负担"，burden 表达的更多的是义务而不是权利。

● County Court of Ulster Cty. v. Allen, 442 US 140（1979）, pp. 181 – 182.

后 记

我对英美刑法比较感兴趣，一是语言的因素，二是思维方式的原因。虽然自读研究生开始我就接触大陆刑法，但感觉学习起来比较费劲，一直都没有什么心得体会，自然就没有研究的兴趣。倒是英美刑法看起来比较简洁明了，思辨性的东西比较少，容易被了解和接受。所以，自 2006 年始我陆陆续续发表了一些研究英美刑事法的论文。这些论文主要是围绕犯罪成立要素、辩护事由、证明标准、证明责任分配、证明方法等问题展开。严格来说，这些论文并不是纯刑法学方面的论文，也不是纯刑事诉讼法学方面的论文，更多的是两者的结合。写作外国法或比较法的论文在收集资料时并不比写纯国内问题的论文容易，所以十多年来，只写了十几篇论文。写作该类论文时往往要与中国相关问题结合，才能引起读者的关注，所以写作中多数论文有"借鉴"或"启示"部分。其实，读者都清楚，这不是论文的主体，只是思考的方向。

接下来的一段时间，我的研究兴趣将转向国内，更多地关注国内问题，因此希望对英美刑事法研究作一个小结，将部分已发表的英美刑事法研究论文结集出版。除非有必要，我没有对发表的原文作出修改，整体上保持原发表时的样态。

感谢《中国法学》《法商研究》《现代法学》《法学家》《法律科学》《刑法论丛》等名刊将这些论文刊载发表，感谢各位编辑付出的辛勤劳动！感谢知识产权出版社李瑾编辑、韩婷婷编辑为本书出版付出的辛劳！

赖早兴

2018 年 10 月 15 日